苦の見方

「生命の法則」を理解し「苦しみ」を乗り越える

アルボムッレ・スマナサーラ
Alubomulle Sumanasara

はじめに

仏教でいう「苦」とは、「苦しみ」ではなく「生命に関する真理」

この本のタイトルは『苦の見方』です。私にはすでに『無常の見方』と『無我の見方』という著書がありますから、これで三相の見方すべての解説がそろうことになります。

三相とは、一切の現象の真の姿を表す言葉なのです。一切の現象というのは、すべての生命や大宇宙の物質的な存在も入ります。このすべての現象の本来の姿、本質、本性が三相です。それは、無常・苦・無我の三つです。仏教の根幹をなす、大事な真理です。

無常・苦・無我という三つの言葉（三相）は、最重要の仏教用語です。すべての存在の姿はこの三つの本性を持っているのだと説かれます。皆、「火は熱い」「氷は冷たい」「地球は丸い」などの言葉も、事実を語っているように感じます。このような言葉は、世間の人間が考え出す世間的な真理ですが、すべて相対的なものです。何かと比較して作り出す概念なのです。真理というものは、何かと比較して成り立つものではありません。相対的ではなく、真理は絶対的だと言わざるを得ません。しかし、真理を人間に語る場合は、言葉を使わなくてはいけません。残念ながら、すべての言葉の意味は相対的なのです。

三相は真理です。絶対的な事実です。三相とは何かというと、苦・無常・無我となります。三相という単語自体は相対的ですが、単語が表す意味は相対的な事実ではありません。人々は言葉の意味にしがみついてものごとを理解しようとするので、三相に対しても主観的な解釈をすることになります。ですからお釈迦様は、「正道を実践して真理を体験するように」と勧めるのです。

日本仏教では「空」という単語を、真理を表す言葉として使っています。その言葉も皆、自分の主観で解釈して理解するので、空の意味は何なのか、わからなくなってしまっています。実は、お釈迦様はやたらと「空」という言葉を使ってはいませんでした。この言葉には「何もない」「空っぽ」という意味も入っているので、誤解しやすいのです。現象の本来の姿は「ある」でも「ない」でもありません。変化生滅して流れるのが現象の本来の姿です。お釈迦様は、この流れに無常という単語を当てはめています。

これから、「苦」について解説しなくてはいけないのですが、知識で理解できるように説明するのは、難しいのです。知識で理解できたとしても、それは言葉を通して理解したに過ぎません。言葉はすべて相対的です。

とはいっても、三相を経験的に発見して理解するという偉業に挑戦する前に、知識を駆使してガイドライン程度の理解をすることは必要になります。私たちの知識を駆使して日常の経験に基づいて理解できる「苦」もあるのです。それは三相の苦ではなく、四《し》聖諦《しょうたい》で説かれている苦です。ですから本書では、三相の苦ではなく、四聖諦で説かれている苦を説明することにしました。

苦を三相の一つとして説明する場合は、ブッダの教えを理解している必要があります。四聖諦の苦の説明は、仏教とは何なのか、まったくわからない人でさえ、理解できるようにやさしく説かれています。ですから、四聖諦の苦を説明したほうが、皆さんは理解に苦しまずに済むでしょう。

それから、仏教用語の漢訳についての問題も考えなければなりません。仏教用語にいったん漢字を当てはめると、それからその漢字の意味をもとにして仏教を理解しようとするのです。しかし漢字の歴史をさかのぼって理解しようとしても、それは仏教の理解にはなりません。漢文化の理解になるのです。漢字を使っている世界では、常に起こる問題です。

パーリ語のdukkha《ドウッカ》という用語に「苦」という漢字を当てはめています。それで私たちは「苦しみ」という意味で理解してしまいました。「苦しみ」は絶対的な真理にはなりません。人は、二十四時間苦しみに陥っているとは思っていません。「苦があれば楽もあり」というのが一般的な理解です。苦（dukkha）は真理なので、苦しみのように起きたり起きなかったり、現れたりなくなったりするものでは困ります。ですから、これからも「苦」という用語を使いますが、その単語の意味は「苦しみ」だけではないと理解しておくほうがよいです。

苦を理解する人の精神は、安穏に達します。

平穏な心で平和に生きたいと願う皆様に、三宝のご加護がありますように。

アルボムッレ・スマナサーラ

目次

編集協力／川松佳緒里
協力／佐藤哲朗
　　中田亜希
本文デザイン・ＤＴＰ／鰹谷英利
装丁／幡野元朗
装画／増田孝祐

第1章……生きることは本当に「苦」なのか

四聖諦＝四つの真理とは

これから、仏教の最重要用語、dukkha《ドゥッカ》（苦）という言葉が表すところを、四聖諦から説明していきます。

お釈迦様は「世の中の真理は四つだよ」とおっしゃいました。それが四聖諦です。世の中には、たとえば「地球は丸い」など、科学者が発見している真理がありますね。あるいは「毒を飲んだら死ぬ」などというのも真理ではあります。しかし、四聖諦とは、俗世間的なレベルを超えて智慧で発見する真理なのです。俗世間の真理をいくら学んでも、人の精神は変わりません。人格は向上しません。心が煩悩から離れません。性格的に悪人であろうとも、俗世間的に知識人になることやエリートになることはできるのです。四聖諦を理解する人の人格は向上するし、心は汚れを落として清らかになります。完全たる安穏に達することもできます。ですから、世間の真理と区別するために、お釈迦様はご自分が発表する真理に四聖諦という名前を付けたのです。

四聖諦とは「四つの真理」という意味です。この四つの真理も「苦」という一つの言葉を中心にして語られています。次の四つです。

一、苦とは何か（dukkha《ドゥッカ》 ariya《アリヤ》 sacca《サッチャ》）。
二、なぜ苦が起こるのか（dukkha《ドゥッカ》 samudaya《サムダヤ》 ariya《アリヤ》 sacca《サッチャ》）。
三、苦をなくすとはどういうことか（dukkha《ドゥッカ》 nirodha《ニローダ》 ariya《アリヤ》 sacca《サッチャ》）。
四、苦をなくす方法とは何か（dukkha《ドゥッカ》 nirodha《ニローダ》 gāminī《ガーミニー》 paṭipadā《パティパダー》 ariya《アリヤ》 sacca《サッチャ》）。

Ariya《アリヤ》 sacca《サッチャ》（聖諦）とは、「聖なる真理」という意味です。絶対的な真理という意味にもなります。四聖諦を要約すると「苦（dukkha）に関わる真理」ということになります。
四聖諦を省略して、日本語では「苦集滅道《くじゅうめつどう》」と言うこともあります。

苦（dukkha）＝仏教の心臓

苦（dukkha）というのは、仏教の中心的な概念なのです。仏説の心臓だといえます。ある日お釈迦様が、「自分が昔も今も語ったのは『苦』と『苦を滅する方法』である」と説かれたこともあるほどです。ようするに、苦という概念なしに仏教は語れないのです。

ブッダの教えの中心は苦（dukkha）なので、昔の西洋の宗教学者から「仏教はペシミズム（悲観主義的な教え）だ」と批判されたこともありました。仏教学者はより詳しく仏教研究が進んだところで、ペシミズムという批判は間違いだと思うようになりました。ブッダの教えは何なのか、概略だけを読む人々は「苦」を「苦しみ」だと誤解して、「ブッダは悲観主義者である」と言うのです。「苦しみ」といえば、その意味は皆、だいたいわかります。それで仏教を理解したつもりになるのです。

Dukkhaとは「苦しみ」ではなく「苦」です。漢字を見たら同じことではないかと思われるかもしれませんが、違います。「苦しみ」は「苦」の一部だけです。私たちが経験する楽しみは「苦しみ」ではありません。しかし、本来は「苦」なのです。好きな人と出会うことは楽しみです。好きな人と別れることが苦しみです。そして、その両方とも が「苦」です。ここでは「苦」と「苦しみ」の意味は違うのだと、なんとなく理解できればけっこうです。

仏教を詳しく研究する仏教学者は、dukkhaを英訳できないと悩んでいます。さまざまな単語を挙げてみても、いずれの単語もdukkhaの意味を正しく伝えないと言っています。Dukkhaの意味が「苦しみ」であるならば、学者がそのように悩む必要はありません。「苦」と「苦しみ」という二つの単語の意味はほとんど同じように感じるので、英語でも一般的にdukkhaをsufferingと訳しますが、sufferingとは「苦しみ」という意味ですから、誰もその英訳に満足してはいません。

人間は自分が持っている知識を使ってなんでも理解しようと思うのです。徹底的に調べ抜いて事実を発見しようとする努力は、稀《まれ》な人間しかやりません。正直なところそれは「怠け」です。知識の「怠け」なのです。

苦を理解するためには、少々努力することになります。「三十分で苦のすべてを理解できる」というような本など、とても書けません。これから私の力を徹底的に駆使してわかりやすく説明していきますが、本の理解ができても、苦を正しく理解したと思わないほうがよいと思います。

みんな夢物語が大好き

「生きることは苦である」と言われたら、皆さんはどう思いますか？ まずはそこから考えていきましょう。「人生は苦といっても、『苦あれば楽あり』とも言うでしょう。そりゃ、苦はありますけど楽もありますよ」「人生には楽しいこともありますよ」と思いませんか？

単純に、「すべてのものごとは苦である」というフレーズを聞いただけでも、すごく暗い話に感じるでしょう。世の中では、やはりハッピーエンドの物語が人気です。苦ではなく、美しく幸せな世界について語られたものはたくさんあります。昔ばなしや神話、大ベストセラーになる小説、そのほとんどはハッピーな結末です。

なぜ、ハッピーエンドのお話は人気があって有名なのでしょう。それは、人生がそうではないからです。私たちは、せめて小説やら神話・物語のストーリーなどで、精神的に夢の世界を楽しもうとするのです。

宗教もフィクション作家と同じことをやっています。夢物語を語りまくるのです。人々は皆、死後は天国に行きたいと思います。そこで、宗教家が言うことをなんでもするのです。なぜ、死後極楽の世界・天国に行きたがるのでしょうか？　もし、この世が極楽であるなら、天国にそれほど興味は持てないでしょう。ごちそうを食べて満足している人には「食べたい、食べたい」という希望はありません。しかし、一日中何も食べていない人なら、食べ物のことを想像するだけでよだれが出ると思います。

ここで私が言いたいポイントが理解できたでしょうか？　おなかがすいているという苦しみがないならば、ごちそうに興味はないのです。生きることが苦でないならば、我々は意図的に楽しみを探す必要はないのです。探しても見つからないので、神話、フィクション作家の作品などに頼って夢の世界を作って楽しもうとするのです。そうすることで私たちは何かを隠そうとしています。何かをないものにしようとしているのです。それは苦です。苦を隠そうとしているから、皆、楽しみを探している。それでも見つからないから、神話、映画、音楽、踊り、舞台、コスプレなどに頼るのです。

映画制作は何をしているか

我々を夢の楽しみの境地に招待する映画の世界はどのようなものなのか、考えてみましょう。楽しみを作ること自体も大変苦しい作業だと理解できると思います。

我々は、映画や舞台上で起きている出来事はすべて嘘だと知っていますね？　それでも、見て「ああ、楽しかった！」といい気分になります。

たとえば、一本のドラマを制作する場合を考えてみてください。まず、ストーリーを作ります。シナリオライターなどが、ストーリーを書くにあたって、「何か、みんながいい気持ちになるようなものを作ろう」などと意図するでしょう。人が感動するものを書くのは簡単ではありません。プロにしかできない仕事です。プロもそうとう苦労しないと書けないものです。なぜ意図的に人に良い気分を与えようとするのでしょうか？

人が常に良い気分で明るく生きているならば、気分が良くなるストーリーは必要ないのです。皆、「生きることは楽しい」と思っているわりに、実際にはけっこう落ち込んでいます。ストレスがたまっているのです。笑えない状態で生きているのです。ですから、楽しい気分にさせてくれるストーリーが必要になります。それをプロが苦労に苦労を重ねて書くのです。

ストーリーが出来上がったら、それをドラマ仕立てに編集して、シナリオにします。それぞれの場面ごとに音楽やらいろいろな演出も考えて、さらに編集していきます。

演じるほうでは、いろいろな俳優さんや女優さんたちがキャスティングされ、選ばれた役者さんたちは台詞を憶えたり、言うときのポーズや仕草などを相談したりしながら練習します。同時に、ロケーションはどこがいいか決めたり、立ち位置や光の当たり方などまで、きめ細かくセッティングします。

これらすべての要素をディレクターなどが綿密に計算し、監督が一つの作品に仕上げます。やっとできた作品の出来上がりは楽しいかもしれません。しかし、一時的な幻覚でしょう。映画を見て楽しむとき、実際には何をやっているかというと、スクリーンに映し出される平面画像をもとに、あたかも実物が動いているような錯覚を頭の中に引き起こしているのです。さらに効果音やら音楽やら、いろいろなものを頭の中に入れて、頭の中でドラマを作る、という作業をしています。そうでないと、見ていても全然楽しくありません。

つまり、私たちは、意図的に楽しみを作っているのです。

わざわざ楽しみをプロデュースする

なぜ、わざわざ楽しみを作っているのでしょうか？　実際、我々は朝から晩まで、楽しみをプロデュース・生産しています。なぜ、自然に生きてみないのでしょうか？　わざわざいろいろ意図的に作る苦労をしないで、自然に穏やかに生きればいいと思いませんか？　しかし、自然のままではまずいのです。何か意図的に、幻覚的に、楽しみを生産しなくてはやっていけないのです。それが現実で、事実です。

人間はサルの仲間ですが、毛がありません。ですから、寒い季節には着こむことで対処します。ただ生きるために何かを着るのであれば、何だっていいでしょう。しかし、我々は、服をデザインします。サイズも身体に合わせて、組み合わせもおしゃれに、カラーもコーディネートします。もうそこで、楽しみをプロデュースしているのです。

私はメガネをかけていますが、メガネにしても見るためのものですから、見えるレンズが入っていればいいはずでしょう。でも、違うのです。フレームがそれこそ数え切れないほどあって、何十万円のものも、それ以上高価なものもあります。メガネのレンズそのものは医学的なもので、たいして技巧を凝らしたものではありません。視力に合わせて作ればいいだけ。苦労するのはフレームです。ありとあらゆるものがあります。どうしてかというと、我々はメガネのフレームで新しい顔を作っているのです。自分をプロデュースして、気分良くなりたいという気持ちが裏にあります。

この世の中で、どんな人間も、楽しみを、生きる喜びを、生産しよう、作ろう、作ろう、作ろうと思って生きています。そして作るものというのは、決まって自然界にないものです。

自然のものは完結している

熟したリンゴは、そのまま食べられるでしょう。リンゴがなっている果樹園に行って、熟したリンゴを木から取れば、そのままパクッと食べられます。スーパーやデパートで売られているものだと、流通しているあいだに味が落ちていたりもしますが、もぎたてはすごくおいしいです。

鮮度はさておき、皆さん、リンゴを食べて、一度でも考えたことがありますか？「このリンゴの味は、ちょっと調合が良くないね」とか「このリンゴの木は、もうちょっと考えたほうがいいんじゃない？」などということを。ないでしょう。ものの見事に自然が味を調えています。

最近、日本でもココナッツウォーターというものがありますね。日本では加工されてペットボトル飲料などとして売られていますが、スリランカ出身の私にとって「ココナッツウォーター」といえば、ココナッツという木の実に入っている水のことです。

芽が出るとき、水がなかったら困りますから、念のためにココナッツの木の実の中に、いくらか水がたまっているのです。これが、人間にはけっして作れない、完璧なポカリスエットなのです。微妙な甘さがあって、身体にいいミネラルがほとんど入っていて、化学的なものは、一切ありません。それに、ココナッツは、とても硬い実ですから、どんなに空気の汚いところでも、実の中は汚染されません。取って切って飲めば、決まっておいしいのです。

誰もがプロデューサー

自然界と違って、我々はどうして生きる楽しみをプロデュースするのでしょう。たとえば、なぜ、エビを買ってきて天ぷらにするのでしょうか？　自然界に天ぷらはありませんね。エビの天ぷらも、一つのプロデュース、プロダクション（生産品）です。

天ぷらにする理由は、明白です。生のエビは、あまりおいしくないからです。それで、衣をつけて適切な温度で揚げて、天つゆなどをつけて、カリカリの状態で食べるのです。そこまで手をかけることでおいしくなります。天ぷらにしてしまったら、衣にも味がついていますから、自然のエビの味はよくわからなくなっています。でも本当は、生のエビはあまり味がしません。ですから我々は楽しみをプロデュースしたのです。

我々は生きている上で、誰もがプロデューサーです。一生懸命、楽しみをプロデュースします。そして、音楽界、映画界と同じで、プロデュースしたものはヒットしたり、しなかったりです。

いくら曲を作っても、ヒットするかしないか、わかりません。曲でも映画でも、当たれば楽しいです。お金ももうかるし、嬉しい。ヒットしなかったら、かなり損をする可能性もあります。しかし実は、プロデューサーは専門家に限りません。我々個人も、毎日楽しみをプロデュースしています。そして、プロデュースした楽しみがうまくいったら嬉しいです。うまくいかない大失敗で終わったら落ち込みます。

人生というのは、そんなものです。ということは、意図的にプロデュースしなかったら、意図的に生産・作成しなかったら、楽しみがないということです。何かをやらないと楽しくならないのです。

いつもと違うのが楽しい

時々、皆さんは、「滝を見ると楽しい」とか、「滝を見ると穏やかな気分になっていいね」などと言うでしょう。そこに入る言葉は、滝でも桜でも富士山でも、なんでもいいです。

たとえば、海を見ながら食事できるレストランは、「すばらしい景色を眺めながら食事できる最高の場所」などともてはやされます。しかし、突きつめて考えれば、そのレストランから海が見えるから素敵、ということではないのです。ふだんは東京の街中にいる人が、どこか海辺へ行って海の見えるレストランで、二〜三時間かけてごはんを食べるから、とても楽しいのです。では、そこに毎日住んでみたら、どうでしょう。すばらしいと思っていた景観も、そうでもなくなります。そうなると、また別のことで楽しみをプロデュースしようとします。

東京の人は、富士山が見えたら、「なんてきれいでしょう」と喜びますが、それはたまたま見えたからです。富士山が見えるところに住んでいる人にとっては、美しくないとは言いませんが、「いつもの」という感じの風景です。たまに見る人が抱くような「ああ、美しいなあ」「すばらしいなあ」とか「写真を撮ろう」という感動はありません。富士山の見えるところに住んでいる人は、別な楽しみをプロデュースする必要があります。

味わう楽しみは決まって人工的

我々は、誰もが楽しみをプロデュースしています。ですから、味わう楽しみは、いつでも人工的に作ったものです。人工的なものというのは、決まってちょっとうさん臭いでしょう。

たとえば、私は今、歯がちょっと弱くなっていて、何本か入れ歯にしようと歯医者に言われていますが、自然の歯と人工の歯、どちらがいいかといったら、やっぱり自然の歯ですね。しかし、人工の歯にしてしまっても、言わなければほかの人にはわかりません。見た目だけで「ああ、歯がけっこういいんですね」と言われたなら、私が「入れ歯ですよ」と言わない限り、だませますね。なんだかインチキ臭いでしょう。

あるいは、女性の方々は、お化粧をしますね。あれも、新しい顔をプロデュースする楽しみです。けっこう時間もお金もかかります。服の色に合う唇の色を考える。顔に色を塗る。なんだかもう、顔面がパレット状態です。実際にテレビでプロのメイクさんたちが、「顔というのは、キャンバスです」と言っているのを聞いたことがあります。いろいろ塗って、お化粧が上手な人は別人かと思うほどになって、「私ってきれい」と喜ぶでしょう。私は「それはちょっとインチキじゃない？」と思ったりします。

世の中、誰もが「生きることは楽しみだ」と思っています。みんなが考えないのは、我々は楽しみを人工的にプロデュースしなくてはいけないという点なのです。

楽がないからわざわざ作る

私たちが楽しみを人工的に、つまりわざわざ作ってまで楽しんでいることを、ぜひ、科学者として、客観的に見てほしいのです。

生命を見てみてください。やっぱり、生きることには楽がないのです。ないからプロデュースするのです。獲ったエビは、そのままではおいしくない。だから天ぷらにします。プロデュースします。さらに味を変えるために、干しエビにしたりもします。エビチリとかいうあまりにも味が強烈な料理もありますが、とにかくあらゆる方法で、我々は食べることでも、大いに楽しみをプロデュースしています。

楽しみをずーっとプロデュースし続ける我々人間たち。では、本来の生命とは何でしょう。そのままいると、ものすごく苦痛になるのです。お釈迦様は、「目を覚ましてください」とおっしゃいます。「お化粧してはいけません」ということではないのです。「おいしく料理を作ってはいけません」とか「そのまま自然界のものを食べましょう」とは言いません。そんなのはどうでもいいことで、ただ、「自分たちがやっていることを正しく理解しなさいよ」とおっしゃいます。

この世で私たちは、音楽を楽しんで、食べるものを楽しんで、服を楽しんで、アクセサリーを楽しんでいますね。そのために、もう大変な苦労をしています。日常の幸福のために苦労しているのです。そこにしっかりと気づいてほしい、ということです。

だまされてはいけません。お化粧するのはいいけれど、お化粧で自分や他人をだましてはいけない。それは、表面をきれいにする云々《うんぬん》のレベルでなく、どうしてお化粧したいのか、どうしてきれいに見せたいのか、本質的なところを理解しましょうよ、と仏教では言います。

永遠の天国の発想は変

宗教の世界では、「人間には永遠な天国があります」などと言うでしょう。「間違いを犯したら、永遠の地獄があります」などという話まで作っています。つまりそれは、日常に苦労があるからなのです。

私たちは、ものすごい労力を使って、おいしいものを食べたり、きれいな洋服を着たり、欲しいものを買ったり、やりたいことを楽しんだりするでしょう。宗教は妄想世界を作り、「天国に行ったら、そんなのは苦労しなくても、いくらでも、無限に、際限なく、ただでもらえますよ」と言うのです。

しかし、「苦労しなくてもいくらだって！」という考え方はおかしいです。あるSF映画を例に、どういうことか説明しましょう。

映画の中では、ある科学者がダイヤモンドの造り方を研究しています。愛してやまない奥さんが、毎日「ダイヤが欲しい、欲しい」と朝から晩まで言っているほどのダイヤ好きなのです。自分の給料を何とか貯めてダイヤを買ってあげても、その程度のダイヤでは満足できません。「もっと大きいのが欲しい」と言われてしまいます。研究者は、奥さんのことが大好きですから、奥さんが満足するぐらい、ダイヤをいっぱい買ってあげたいと思います。でもそれは、億ではなく兆単位のお金がなければできません。

科学者は映画の中で、研究に研究を重ね、ついにダイヤを造ることに成功します。さあ、ダイヤを人工的に造ることに成功した科学者は、どうなったと思いますか？　ダイヤの価値が下がって、離婚してしまったのです。

私は、この映画はけっこういいストーリーだと思いました。世間の皆さんに読めない本質的なポイントがよく描かれています。映画自体は、仏教徒でなくキリスト教の方々が作ったものかもしれませんが、内容は世の中の人間のことですから、仏教的に見ることができます。

この映画から学べるポイントは、「いくらでもあるものには価値がない」ということです。たとえば一カラットで百万円もするものだから、持つことに喜びが生まれるのです。虫メガネで見える程度の小さいダイヤがついたネックレスでも、「これはダイヤよ」と自慢できるのです。大粒のダイヤを手に入れるには一千万円かかる。それほど高価だから、小さくても嬉しいのです。

もし、ダイヤが千円で十個買えるくらいの価値なら、誰がダイヤモンドを喜ぶでしょう。あちらこちらにダイヤをちりばめた服を着ても、「何だ、この人。安いもので飾り過ぎてない？」などと、変な目で見られます。「小さなダイヤでも嬉しい」という、あの楽しみが消えてしまいます。

持ってないから所有したがる

人生、基本的に苦しみがあり、苦しみがあるからこそ、我々は苦労して小さな小さな楽しみをプロデュースします。

地球の品物は自分のものになりませんが、「これは私のもの」と思って楽しむのです。なぜ「私のものだ」と言って楽しむかというと、本来は自分のものではないからです。何かを自分のものにしておくためには、けっこう苦労しなくてはいけません。飼っている犬猫に対してさえ、自分のものにしておくためには、ものすごくかわいがらなくてはいけません。けっこう大変です。

我々は、なんでも苦労する世界で生きているのです。気に入ったものは自分のものにしたくて苦労する。でも本当は苦労は嫌なので、小さな小さな、インチキ臭い喜びをプロデュースして、それにあえてだまされているのです。酔っているのです。

所有は苦しい

もともと、人生が苦しいからインチキの楽しみでごまかそうとする。しかし、そのインチキの楽しみのために、我々は嫉妬したり、怒ったり、感情的になったり、落ち込んだり……、あらゆる精神的な苦しみが新たに生まれるのです。その苦しみは自動的に生まれます。

ダイヤのネックレスを買ったなら、「これは私のもの」と思うでしょう。勘違いしています。いつ、泥棒に盗まれるか、わかったものではありません。誰もいないところで、ピッとチェーンを切られて侵入され、ダイヤを持っていかれる可能性は、いくらでもあります。持って逃げられてしまえばもう終わり。「私のもの」ではなくなります。では、盗った人のものになったのでしょうか？　いえ、そうではありません。「私のもの」といえるものは、本当は世の中にないのです。二人ともバカなだけです。

ダイヤのネックレスを買うためには、相応の苦労をしています。手に入れたなら、

「ああ、良かった、楽しい」という気分になりました。その楽しい気分になるためにがんばったのです。それなのに、もしそのダイヤを盗られたら、どうなりますか？　自動的に、悩み・悲しみ・苦しみが生まれてきます。その苦しみは、きりがありません。盗られたショック、それからの落ち込み。もし、分割払いで、盗られてからも支払いだけが残っていたら最悪です。ネックレスがないのにお金を払わなくてはいけません。

そもそも、盗られなくても、ネックレスが与えてくれる楽しみ自体に限界がありま す。ダイヤのすばらしいネックレスだとしても、首にかけるたびに、すごく楽しいと感じるわけではありません。ずーっと付けている場合は、そのうちどうということもなくなってしまいます。苦労して高いお金で買っても、手に入れたときの「すごく素敵」「満足」という感動はなくなるでしょう。楽しみにはリミットがあるのです。

では、ネックレスが盗まれたとして、盗まれた時点で生まれてくる苦しみには、リミットがありますか？　泥棒に対する腹立たしさ、恐怖感、落ち込み……それらにはリミットがありますか？　リミットどころか、いくらでも増やすことができるでしょう。

家族やお金も、あれば苦しい

たとえば、子どもが生まれると、すごく楽しみ、幸福を感じるでしょう。しかし、子どもから得る楽しみにはリミットがあります。また、子どもが、それこそいくらでも悩み、苦しみ、不安を作ってくれます。では、突然、子どもが死んだらどうでしょう。そうなったら、自分が死ぬまで、わが子が亡くなった悩み、悲しみを味わわなくてはいけなくなります。

これが、現実です。日本に限りません。たとえアメリカであろうとも、これが現実です。苦しみの中で、楽しみが生まれるだけの話です。

お釈迦様は、「人生は苦しみだけであるならば、誰だって生きることに執着しないでしょう」とおっしゃっています。生きることに執着しないとは、皆自然に解脱に達して究極の幸福になるという意味です。しかし生きることには苦しみだけではなく、(たとえ意図的に生産したものであっても)楽しみもあるから生きることに執着するのです。お釈迦様のこの言葉から「生きることは苦しみである」と説かれていないことが理解できると思います。生きる上で、苦しみも楽しみもあるのです。その両方とも、苦であると理解するためには、俗世間の認識次元を超えた智慧が必要です。

私たちの問題は、いたって簡単です。生きることに苦しみがあっても、「楽しみもあるではないか」といって、生きることに執着するのです。無批判的に執着するのですが、楽しみは苦労してプロデュースしないと現れないことに気づきません。楽しみは現実的なものというより、人工的に作り出した夢の世界であると気づきません。ありのままに人生を観察する必要があります。

人生を本当に楽しんでいますか？

我々人間は、「金もうけがしたい」と思ったら、そこだけに執着して、もうけるプロセスの苦しみを気にしないで突っ走ります。

商売がうまくいくと、店舗を一店ではなくて二つにしたい、四つにしたいと、広げていきますね。総収入は増えるでしょうが、全体的な管理の手間がものすごく増えて、暇がなくなります。寝る余裕がなくなります。店が十や二十になれば、管理するのが難しくなります。ですから管理してくれる人まで、雇わなくてはならなくなります。いろいろうまくいかないことも起こって大変なのですが、その人は「私はどんどん発展しているぞ」と思って、苦しみにあまり気づきません。

問題は、「本当に人生を楽しんでいますか?」というところです。そういうことを、理性できちんと理解してほしいと思うのです。

楽しみ、幸福感にはリミットがある

人間は楽しみをプロデュースしますが、その楽しみにはいつだってリミットがあります。小さな楽しみです。すぐ消えます。すぐなくなります。ないときは、「欲しい」「欲しい」と思います。

おなかがすいたら、我々は自然界のものは食べません。自分か他人か、いずれにしても人間がプロデュースしたものを食べます。

おにぎりを食べるとしましょう。おなかがすいている場合は、おにぎりがおいしく感じます。しかし、おにぎりに与えられる楽しみは決まっています。おにぎり一個が、人に限りなく幸福感を与えることはできません。

私にもいろいろ個人的な経験があります。何か欲しいけれどお金がない。「ああ嫌だな、あれ欲しいな」と思ったり、悩んだりします。人が、私の欲しがっている品を使っていると、そちらに行って、ちょっといじってみたりして、「ああ、やっぱりいいな」と思ったりします。そして、ちょっとお金に余裕ができたときにその品物を買ってしまうのです。買って、一日だけは「ああ、良かった。幸せ」と思います。しかし、すぐに忘れてしまいます。放りっぱなしになって、そのうち使えなくなってしまいます。

車を買ったはいいけれど、ほとんど動かさないということもあるでしょう。買ったときにはすごく喜んで、納車されたときは飛びあがるほど嬉しかったのに、すぐにシートをかけてそのままになってしまったりということは、よくあるものです。

このように、我々はいろいろなものを「欲しい」「欲しい」と思い、その欲しいものが手に入ったら、ちょっとした楽しみを味わえます。でも、その後はどうなりますか？　手に入れたものが与えてくれる幸福感のリミットが来たら、どうしようもありません。それからはかえって迷惑な存在になります。まるで結婚した相手みたいに（笑）。「結婚した相手が迷惑な存在になる」というのは冗談めいてもいますが、あながち間違いではないでしょう。結婚相手も、楽しみ、幸福感、やすらぎを与えてくれますが、やっぱりリミットがあります。リミットがきたら、そこからは迷惑な存在です。しかし、だからといって処分するわけにもいきません。結婚相手がわがままだから嫌だといっても、そう簡単に離婚するわけにもいきません。

良し悪しはパッケージ

パッケージという言葉はご存じでしょう。「パッケージツアー」と呼ばれる旅行プランがありますね。旅行会社があらかじめプログラムを組んだツアーのことです。旅行者は何も考えず、先頭で旗を持っている人の後を追えば自動的に観光が楽しめます。しかし一方で、泊まるホテルが気に入らなくても、自分だけ別のホテルに宿泊することはできません。出された料理がそれほど好みでなくても、特別な注文をすることはできません。あるいは、行く先で興味がある何かを急に見学したくなっても、それはあきらめなくてはいけません。とにかく、パッケージで決めた通りに進まなくてはいけないのです。

人生もパッケージでやってくるのです。それは良し悪しのパッケージです。人間は幸福を目指して努力します。いろいろ計画を立てて、その目的に達しようと実行するのです。「自分が決めた目的に達する」というのは、皆がやっていることです。たとえ落伍者・ドロップアウトしたといえるような状態でも、人生に関わるすべての計画が御破算になったということではありません。死んでいないことだけでも、人生がある程度、計画通りに進んでいる証拠です。しかし、誰も「自分の人生は完全に幸福で幸せいっぱいの道だ」とは思いません。必ず不平不満があります。それは、本当のところは、パッケージだということなのです。人は、幸福を目指して努力します。目的に達しますが、それが良し悪しのパッケージなのです。良いものが欲しければ、悪いものも我慢しなければいけないのです。

人生に不満が付きものな理由

たとえば女性が「子どもを一人育てたい」と思ったとします。もう子どもが好きで好きでたまらない。自分で産んで育てたいと望みます。そこで、子どもを産む。そうすると、子育ての楽しみがパッケージになって付いてきます。しかし、楽しみだけではありません。子どもを産んだ時点で、幸福感と一緒にものすごい責任も生まれます。子どもは、自分の思い通りに成長しません。どうなることか、わかったものではありません。これは、どんなお母さんも経験していることです。

子育ては楽しみより心配の多い仕事です。子どもがたとえ独立し、結婚しても、親の心配は続くものです。確かに生まれたときは楽しかった。子どもが遊んでいるのを見守っていたときなどもすごく楽しかった。お母さんのことを「大好き」と言ってくれたときは格別に楽しかった。でも、すべてがパッケージです。

若い女の子は「結婚したら幸せ」と思っています。そして、結婚する計画を立てます。しかし、好きな男性と結婚したところで、これがまたパッケージです。男性の場合も同じことです。好きな女性と結婚するけれども、パッケージになっていろいろ、やってくるのです。

結婚した男性と一緒にいるときは楽しいけれど、彼の家のしきたりや習慣も、親戚も、舅さんや姑さんまで付いてきます。新しい環境に慣れるのは大変です。いろいろトラブルが起きます。姑さんどころか、旦那さんさえも自分の言う通りにやってくれません。自分が産んだ子どもも同じです。

結婚とは純粋に幸せだけを与えてくれる出来事ではありません。パッケージです。仕事もパッケージです。なんの問題もなく、楽しく仕事をこなせるだなんてあり得ないのです。友人関係もパッケージです。楽しみがあるから友人関係を築きますが、パッケージなので友人関係で困ることもいっぱい起こります。

人々は皆、「幸せになりたい！」と揺るがない気持ちでがんばってはいるのです。そして、自分が目指す目的にほとんどの人々は達します。完全失望の人生はないのです。しかし、人間は幸福を感じません。その理由は自分が目指した目的が必ずパッケージで攻めてくるからです。人生とは良し悪しのパッケージです。明確に観察すると、良いところよりも、悪いところの量が多いのです。

皆、悪いところはなかったことにして、生きようとしているのです。ごまかさずにありのままに人生を観察すると、人生とは極端に苦しいものでもなく、極端に楽しいものでもないことを発見するはずです。さらに観察すると、楽しみの量より苦しみの量は多い、ということも発見します。この発見は、生きることに対する執着を捨てるために役に立ちます。

とにかく「子どもは言うことを聞かない、遊ぶばかりだ、しつけできない」などと悩んでも、子どもは捨てられません。子どもに限らず、楽しみを与えられようが、苦しみを与えられようが、それに関係なく、我々はさまざまなものを背負って生きていなくてはいけないことになっているのです。すべてはパッケージ。理性で観察するなら、「生きることが楽しい」とも「生きることが苦しい」とも言えなくなるはずです。生きることは評価できないものなのです。それは「苦しみ」ではなく「苦」というのです。

苦の見方＝色メガネを外して見ること

世の中にあるのは幻覚的な妄想思考ばかりです。人工的に作ったインチキをあたかも本物のように思っているのです。では、本物を正しく見るためにはどうすればよいのでしょうか？

この本のタイトルでもある「苦の見方」というのは、私たちの見方を変えることです。色メガネを外して世の中を見るのです。色メガネを外したなら、びっくりしますよ。まったく違う世界なのです。

たとえば、皮膚一つとっても、まったく違います。「私の肌ってきれいでしょう」と言う人がいたら、顕微鏡で肌を見せてあげてください。「あなたの皮膚ですよ」と言われなければ、「なんだこれは。気持ち悪い」と言うことでしょう。髪の毛も、毎日シャンプーやトリートメントをして、きれいだと思っているでしょう。顕微鏡で見たら、なんだかへびみたいなウロコでできていて、気持ち悪いのです。

色メガネを外して世の中を見ることは、苦を見ることです。仏教が真理として説く「苦」というのは「痛い」とか「苦しい」などという狭い意味のことではありません。

楽しみはすぐに消える

話をリンゴに戻しましょう。もぎたてのリンゴはおいしいです。とくに、おなかがすいているときに、もいでそのまま丸かじりしたなら、すごくおいしいです。では、もう一個、食べたらどうなるでしょう。二個目は、すごくおいしいとまではいかず、まあまあです。ではもう一個、三個目はどうでしょう。勧められても「もう充分、もうけっこう」となります。食べたくありません。リンゴを一個、丸ごと食べるのは、けっこう大変です。

ブドウのほうがわかりやすいかもしれません。おいしいブドウをたくさん買ってきて、一粒ずつ食べていきます。一個食べると、とてもおいしい。二粒食べるとおいしい。三粒食べるとおいしい。どんどん食べていくと、どうなるでしょうか？　実験してみてください。「ああ、もう食べられない。嫌です」という状態になります。感謝して食べても、やっぱり嫌な気持ち、拒絶反応は起こってきます。

これは何を物語っているでしょうか？　確かにブドウ一粒はおいしいのです。しかし、もう一つ、ブドウはストーリーを持っています。食べて食べて、食べ続けていくと、最初のころに味わったおいしさがなくなってしまうのです。ブドウの味が変わったわけではありません。何かが起こったのです。これ以上食べたら気持ち悪くなることが起こったのです。

これはブドウに限りません。食べ物に限ったことではありません。音楽も同じです。我々が依存して楽しもうと思う、すべてのものごとのプログラムは、いつだって同じことなのです。

見てびっくり、もう腰が抜けるほどの美しい人であっても同様です。たまたまその人が視界に入りました。あまりの美しさに、その人をずっと見るはめになります。そしてずーっと見続けていくと、どうなると思いますか？　なんてことなくなっていきます。「なんなの、あの人は」という感じ。最初に見たときの強烈な刺激は消えてしまいます。美しくてずーっと見ていたいと思ったおもしろみは消えてしまうのです。

世の中は、このようなシステムで成り立っています。私たちに限りない幸福を与えられるものは、一つとしてありません。「あれがあれば幸せ」「あれさえあったらものすごく楽しい」「あの人と一緒にいられれば最高」と思うようなものや人でも、同じものや人が決まって苦しみを与えてくれます。

いくらあってもいいものは、ある？

世の中で、幸福を与えてくれると感じるものは、決まって苦しみを与えます。幸福はすぐに消えます。この法則に従わない何かがあったら、教えてください。実際、「これならいくらあってもいいや」と思うものは、何かありますか？

一つ、みんなが口をそろえて言うものがあります。お金なら、いくらあってもいいと思っているでしょう。それは、「お金がいくらでもある」という状態が永久的に実現しないので、そう思えるのです。どんな人間でも、「いくら金があってもいい」と大金持ちになってからも思い続ける、ということはありません。ある段階でお金がたくさんあることのおもしろさが消えます。

いまだにビル・ゲイツ氏は、世界的なお金持ちランキングの上位にいますね。本人には、お金による楽しみはまったくありません。ある段階では、あり余るほどのお金で楽しみのために高価な美術作品をいろいろ買ったりしたかもしれません。美術作品は、世界で一つしかないものですから、「これを持っています」と誇れる醍醐味があります。しかし、いくつもそういう美術作品がたまってくると、誇らしいどころかおもしろくないことが起こります。高価な美術品類を整理してどこかに保管しなくてはいけませんし、管理や警備のための人を雇わなくてはいけなくなります。ややこしいことがいろいろ出てきます。

「お金がいくらでもある」というのは、ビル・ゲイツ氏みたいな、ほんの限られた人たちだけです。そういう人々に、「お金があれば楽しい?」と聞いたら、「金じゃないんだよ」と必ず言うだろうと思います。「ビル、あなたは幸せですか?」と聞いたなら、「はい」と答えるでしょう。「それはお金があるから?」と次に聞いたら、必ず「いいえ」と答えると思いますよ。現代の大金持ちは、さまざまなプロジェクトをやっていますから、ビル・ゲイツ氏も「いろいろな活動で忙しくて、けっこう充実しているよ」と言うかもしれません。

私たちにとって「いくらあっても悪くない」「いくらあっても楽しい」というものは、この世の中にないのです。

楽しいのは最初だけ

科学的に考えると、リンゴを丸ごと一個食べたら、もう三個目は食べられません。私は、実験でリンゴを丸ごと一個、食べてみたことがありますが、その後、二～三週間はリンゴを見ようとも思いませんでした。ブドウはどれぐらい食べれば嫌になるか、ちょっとわかりません。しかし、嫌にならなくても、ブドウは言ってみれば砂糖水の類《たぐい》ですから、二キロとか食べたなら、だいぶ糖尿病になるリスクがあると思います。

我々は、存在の中にあるものから何かを選んで、それに依存して楽しもうとしますが、その品物には、いつでも決まって我々を充分に満足させる能力がありません。楽しませるどころか、最終的には苦しませます。楽しく感じるのは最初だけです。

おそらく、若い女性なら、ウエディングドレスは着たいと思うものでしょうね。あれは西洋のもので、日本には日本の花嫁衣装がありますが、まず、着たがるはずです。どうしてかというと、一生に一回だけだからです。毎月二回、あの花嫁衣装を着なくてはいけないことになったら、けっこう迷惑な服に感じると思います。

ブライダルの仕事が多いモデルさんなどは、A社の撮影がこの日程で、B社の撮影がこの日程で……というような感じで、たくさんウエディングドレスを着るかもしれません。その人にとっては、ウエディングドレスはもう仕事で着る服ですから、格別楽しいドレスではなくなります。しかも頻繁であれば、その日その日の撮影ごとにポーズをとって終わらせて、それきりです。一生に一回、着た人とは大違い。結婚式で着る人は、たくさん写真もビデオも撮って、分厚いフォトアルバムまで作って、何度も見て思い出しては楽しむでしょう。しかし、それでも、そのうち見ようともしなくなります。

ありがたみに気づいたときは遅い

私たちが楽しもうとする品には、楽しさがすぐに消えるという秘密が入っています。実際はこれは、秘密でもなんでもなく、あきらかなデータです。ただ、我々がそのことを見ようとしないだけです。

仏教は、いつだって、誰にでもわかることを言っています。けっして密教（秘密の教え）ではありません。ですから、それを知って我々は見方を変えなくてはいけません。見方を変えるといっても、変な見方に変えるのではなく、我々は今、偏見で世の中を見ているので、それを正すのです。

我々は、今、間違った見解、つまり邪見で世の中を見ています。人生、お金があれば楽しいのではないか。結婚できれば楽しいのではないか。仕事があれば楽しいのではないか。健康なら楽しいのではないか。そう思っているでしょう。これらは、ぜんぶ偏見・邪見です。

健康な人はいくらでもいますよ。では、自分が健康だからといって、幸福を感じますか？　感じないのです。いろいろな別な仕事が出てきて大変です。

私の歯のことにしても、自分の歯で食べてきていて、「ああ、なんて幸せだろう」と、全然、思っていませんでした。それが、ちょっと歯茎が悪くなったら、歯がぐらついてしまって、「ああ、これはもう抜かなくてはいけませんね」と歯医者に言われると気づくのです。「自分の歯をもっと大事にすればよかった」と思います。仕方なく歯を抜くことになって初めて、もう遅いのですけれど「もっと、歯茎もていねいに面倒をみて、健康な歯を保ったほうがよかった」などと思います。

我々は、病気に陥らない限り、「健康とは幸せなものだ」と、わからないのです。「健康って幸せだ、ありがたいことなんだ」と気づくのは、具合が悪くなってからです。遅いのです。自然環境にしても、自然が壊れてから、汚染がどうにもならないほど進んでから、「大自然ってありがたい」と思うのですが、もう遅いのです。これが、我々の生きる道になっています。正しく見ていないのです。

第2章……… 「苦」の正確な意味を知るために

仏教の「苦」＝命のこと

ここまで、身近な私たちの暮らしに焦点をあてて、「人生は苦である」ということについて解説してきました。「人生は苦である」と言われても、「楽しいこともあるじゃない。そう言われてもピンとこないなあ」と言う方が多いだろうと思い、わかりやすくするために、いろいろ例を挙げました。

しかし、仏教の「苦」を正しく理解するためには、もう少し仏教の真髄を知る必要があります。それは、仏教が語る「苦」は、命についての真理だということです。なにも「苦」に限らず、仏教が語ることはすべて命についての真理だという大切なポイントをおさえてください。

ブッダは「生きるとは何か、命・生命とは何か」というテーマを、出家する以前から考えていました。すでに当時、宗教家も哲学者も同じテーマを考察して答えを見出そうとしていました。そして、お釈迦様は解脱に達したと同時に、その問題の最終結論に達したのです。

お釈迦様の結論は、「生きることには問題がある。それには原因がある。問題を解決しなくてはいけない。それにはそれなりの方法を考えなくてはいけない。その方法を実行して試してみなくてはいけない。成功すれば生きることの問題を解決したことになる」というものです。ブッダの覚りとは、このプロセスなのです。そして、「生きるとは何か、命・生命とは何か」という疑問にお釈迦様が出した答えは「苦」です。ですから、苦とは philosophy of life（人生の哲学）なのです。

仏教以外の宗教も、いろいろ命について教えていますね。しかし、それはたいてい、人間のことです。人間以外の生命について語る場合でも、仏教以外の宗教では、人間の都合から人間のために何かを言っているに過ぎません。そもそも宗教というのは人間のためのものです。犬や猫にはまったく宗教心はないし、必要も感じていません。ですから、人間が人間の都合で、たとえば「豚肉を食べてはいけない」とか「神様が人間のために動物をお創りになった」などと平気で言ってしまいます。人間が勝手にそう決めて言っているだけなのです。それはちょっと、あまりにえら過ぎな俺様態度というものでしょう。

仏教が説く命というのは、生物学のような、人間に限らない生命全般のことです。そもそも仏教は宗教というより純粋な科学ですから、仏教で「命」といえば、人間に限らないすべての命のことなのです。

遺伝子的に見ると、チンパンジーとゴリラと我々の差は、一パーセント程度もないぐらいわずかだといわれます。そう考えると、人間ばかりがえらそうにいばっている場合ではありません。生物学者から見れば、地球で、はじめに単細胞生物が現れ、そこからどんどん枝分かれして複雑な生命に進化していったのですから、「みんな一緒」です。遺伝子のたんぱく質はみんな同じです。しかし、かつて科学がなかった時代に、人間が、命をとても人間中心にとらえて宗教を作ってしまいました。そのおかげで「どうしてそんなに人間だけがえらそうなことを言うの?」という、困ったことになっています。

仏教でいう「命」は、すべての生命のことです。仏教が説く「苦」という真理も、すべての生命に共通した真理です。生命はいずれも同じ。これが仏教の考え方です。

生命は「苦」(dukkha)

苦(dukkha)というのは、お釈迦様が発見した、生命の真理です。「生命とは何かといったら、このdukkhaという単語でまとめて説明できます」ということです。これをきちんと理解できる人は、覚れます。つまり、我々一般人には、まったくわからない理論なのです。

私は、ブッダのdukkhaを、なるべくわかりやすいようにかみくだいて「生きることは苦である」と説いています。しかし、これがわかったら解脱です。「ああ、生きることは苦。いくらかはわかりますよ」という段階はないのです。基本的には、わからないはずなのです。

「生きることは苦である。そう理解しましょうよ」と言われたとき、「ああ、そうですか。わかりました」と言う人は、まったくわかっていません。「生きることは苦であるというけど、ほんとかなあ？」と、自分で疑問に思うのが本当のところです。あるいは「苦あれば楽ありということわざもあるぐらいですよ。だから生きるのは苦だというのは、違うんじゃない？」と、異論が出てくるぐらいのほうが、かえって本当の意味を理解しやすいと思います。

まず、仏教が説くdukkhaは、全生命に共通のもの、そして仏教の世界である精神科学的なものであると憶えてください。それは、私たちが日常生活で使う「苦」とはニュアンスが異なるものです。これを正しく理解するためには、仏教だけが解き明かしている精神科学、まだ現代科学が解明していない「心」について知る必要があります。次に、それを説明していきます。

世の中を照らす科学

科学がなかった時代は、ある意味、宗教が世の中を取り仕切っていました。今でも西洋では、たとえ表面的とはいえ教会を崇《あが》めていて、時々びっくりするほど原始的なことや迷信めいたことを平気で言っています。

宗教が前面に出る世の中は、どうしても争いの世界、殺し合いの世界になってしまいます。かつて、教会の権威は絶対的でした。そこに科学が現れ、世の中を明るく照らすようになりました。その過程では、科学者が「教会に対立して殺されてもかまわない」とデータに基づいた研究結果を主張し、本当に殺されてしまったこともありました。しかし、そのような事実や真理を貫こうとする姿勢こそが、平和で豊かな世界を作ったのです。とくに、物理科学の登場によって世界は大いに明るく照らされ、教会がかなり勢力を後退させて平和な世界が現れました。

しかし、科学者が扱えるのは物理面のみです。もし、科学者に精神までも解明できるなら完璧なのですが、それは少なくとも現段階では不可能です。実は精神科学については、お釈迦様が二千六百年前に完璧に解明なさっています。

完璧な仏教の精神科学

科学者は物理科学で、お釈迦様は精神科学。お釈迦様の精神科学は完璧に科学で、自我を張らない世界を説きます。それが世の前面に出れば、完全たる平和と豊かさと安穏が現れます。我々人間同士が平和であるだけでなく、ありとあらゆる生命や自然と、うまく仲良くして、助け合って、補い合って生きていけます。

たとえば、目が見える私の目の前に、目が見えない人が現れたなら、「あなたはどこへ行きたいのですか？　あちらですか？　私の行く方向とは反対だけど、かまいませんよ。さあ行きましょう」と、手をつないで一緒に行くことにするでしょう。それが私の今の仕事であると、当然のように行動できるのです。「いいことをしちゃったぞ」という気分もありません。特別な道徳的な行為ということではなく、呼吸と同じです。

あるいは、公園で、子どもたちが水を飲もうとして開けた蛇口が、そのまま開けっ放しだったら、「ああ、子どもたちだから、そんなことして。しょうがないねえ」と、怒りもなく「閉めておきましょう」と蛇口を閉めに行きます。閉めるべきだから閉めただけで、「こんなことをする私はたいした人間だ」という気持ちもありません。そういう、自我を張らない世界が現れます。

道徳の負担もない。善悪の負担もない。悪が存在もしない世界。そういう、すばらしい世界が現れます。そのように言う一方で、お釈迦様は、「人間とは、そうとう頭が悪いから、そういう世界を理解できっこないのだ」ともおっしゃっています。しかし、たとえ言葉や理屈上だけでも精神科学を学び、論理的に世の中を見ると、究極な幸福の世界が現れるはずです。それをこの本で説明したいと思います。

物理科学の範囲

我々は、物理科学を学ぶだけでもけっこう便利さと豊かさを獲得しています。しかし、人の悩み苦しみは物理科学では扱えません。生きる上での苦しさについては、科学者にはどうすることもできません。

たとえば、兄弟げんかを科学者が科学的に説明しようとしても無理です。科学的に言えるのは、「この両者の遺伝子を調べると、医学的には兄弟です」ということだけ。「この兄弟げんかを何とかしてくれないか」ということは、科学者の管轄外です。

夫婦のこともそうです。男性と女性がお互いをすごく気に入って結婚します。五年ぐらい経ってくると、「なんだかおもしろくない」という感情を抱くようになり、それから、「うるさい！」ということになってしまい、大げんかをすることになったりもします。それを科学的に説明することはできません。

でも、事実としてはあるでしょう。我々は時々、ある人間に会ったときに、すごく好意を持つこともあるし、嫌悪感を抱くこともあります。なんだかすごく怖くなってしまったり、なんとなく見下したくなってしまったり、いじめたくなったりすることもあるでしょう。では、その科学的な根拠はというと、それはありません。遺伝子をチェックして根拠を発見できるかというと、できないのです。

つまり、物理で扱えない「精神」というものが、やはり実際にあるということです。

精神というエネルギーで生きている

我々には精神というエネルギーのはたらきがあり、それによって生きています。物理ではないのです。

ごはんを食べることを例に考えてみましょう。現代では、一日に必要な栄養素は、「たんぱく質は〇〇グラム、炭水化物は〇〇グラム」などと科学的に数値化できます。

そこで、たとえばいろいろな栄養素を粉にして摂取したらどうでしょう。たんぱく質は一日小さじ二杯。炭水化物は一日大さじ一杯などというふうにして飲むことにします。栄養になると思いますか？　実はこれではならないのです。一日だけそうする分には大丈夫です。二日目も何とか我慢できるかもしれません。しかし、続けるにしたがって、気分が優れなくなっていきます。

やっぱり、栄養のバランスはどうであろうと、「食べたい」のです。ハンバーガーであれ、ラーメンであれ、身体にあまり良い食べ物だとは思えませんが、みんな大好きです。おそばにしても、あれはそば粉ではなくて、ほとんど小麦粉ですから、悪いとまではいかなくとも、身体にそれほど良くないと思います。しかし、食べると、何かどこかで気分がいいのです。「ああ、よく食べた！」という気分になって、すごく楽しいです。

ここで何がポイントかというと、命というのは、物質で説明できるものではなく、精神という、巨大なエネルギーによるものだということです。そう言うと、皆さんは「精神なんて見えないしよくわからないですよ」「物質ははっきり見えるからわかるけれど」と思うかもしれませんね。しかし、逆なのです。精神エネルギーは隠れていません。隠れているどころか、物質よりも派手に、はっきりしています。

物質は見えず、精神は明確

たとえば、私の体内には鉄分があります。しかし、それは隠れているのでわかりません。鉄以外にも、カルシウムもあればさまざまな化学物質があります。ナトリウムなどは身体にたくさん入っています。けれども見えないし、さっぱりわかりません。わかったら、かえって大変かもしれません。カルシウムもナトリウムも、純度百パーセントのものに触ったらやけどをします。

皆さんがなんとなく思うこととは逆で、物理学で説明するようなことは隠れています。しかし、精神は隠れていません。たとえば、私たちは人を見て、いろいろなことを思ったり言ったりするでしょう。「あの人はすごく明るいね」「あの人はすごくかわいいね」「あの人って気持ち悪いね」……。そういうことを思うには、なんの機械もいりません。あの人がかわいいかそうでないか、自分がどう思うかを知るためにわざわざＭＲＩを使ったりする必要はありませんね。たとえば、私が誰かをかわいいと思ったら、私にとっては、これはもうしっかり「かわいい」という感じがあります。そういうことを、誰もが頻繁に経験しています。

あの人はかわいいね、あの人は憎たらしいねというようなことは、「私の身体に水分がありますよ」ということよりも、はっきりとした事実です。

皆さん、ご存じでしょう。身体の九十パーセント以上は水分です。知識としては知っていますが、それを感じたことはありますか？　ありませんね。しかし、「あの人、けっこうかわいいね」とか、「この子どもはすごくかわいい」というのは、はっきりと感じるでしょう。もし、自分の子どもが高熱を出して寝ていると、わが子が苦しんでいるその苦しみを自分の身体で感じるでしょうね。「何とかしなくちゃ、かわいそう」と思います。

心の仏教、物質の脳科学

脳科学がブームになってからけっこう経ちます。脳科学は物質的に調べていくものなので、私は最初は「どうってことないものだ」と思っていましたが、最新の研究では、脳科学でも心の存在を認めています。脳のどんな部品・モジュールを調べても、心に対応するところはないそうです。しかし、機能はありますから、ないとは言えない、と言っています。

仏教は心について解明済みですから、脳科学が心を説明するその内容は、結局は仏教が説明するところと同じになります。仏教は、心が身体の中のどこにあるか、答えられます。答えは二つ。「どこにでもありますよ」。あるいは「どこにもないですよ」。その両方ともが答えです。

科学で扱えない精神エネルギー

我々がものすごく明確に、百パーセント、経験している精神のエネルギーは、残念ながら科学世界では取り扱いません。科学者も、精神のエネルギーのことを知ってはいますが、たとえば、怒りの研究や、嫉妬の研究などをテーマにすることはできません。お釈迦様は、物理学もしっかり説明した上で、「物理についてはそんなに意味がありません。ほどほどに理解しておいてください」とおっしゃっています。「しかし、精神のこと、心のことは、学んでください」とおっしゃいます。心が命です。私は、物理に対してわかりやすいよう「精神」という言葉を使っていますが、精神エネルギーとは、つまり我々の命のことです。

すべての生命に同じ精神システム

精神のエネルギーは、動物にもあります。ゴキブリにも恐怖があります。安全なところを探して隠れます。ただ、食べるものがあったら、狙わずにはいられません。子どもと同じです。

子どもは好きなものには目がないでしょう。お母さんがその子の大好きなケーキを「食べないでね。これは明日、食べるんだから」と、冷蔵庫にしまったら、さっそくそこそと食べてしまいますね。我慢できません。ゴキブリも同じです。人間に殺されるのは怖いけれど、いくら殺されるかもしれないといっても、やっぱり食べたいものは、それがあるところに行って食べます。

お釈迦様の教えを現代の言葉に置き換えるならば「精神システムは科学的で、すべての生命に同じである」と言えるのです。人間であろうが、アメーバであろうが、微生物であろうが、巨大な鯨であろうが、象であろうが、すべて同じです。それだけにとどまりません。精神の世界は、神々であろうが、梵天であろうが、地獄の生命であろうが、生命にはすべて同じだというのです。

動物も苦を感じる

「生きることは苦」ということは、動物はよく感じています。生きることの苦しみとは、恐怖感です。自由がないことです。動物の世界は、ものすごい恐怖感に満ちています。えさを食べられるか、自分がえさになるかの世界です。瞬間瞬間、いつでもそうです。

我々人間の場合は、自分はえさにならないし、必ずえさ（食事）が食べられる自信がありますね。私のごはんが誰かに奪い取られることは、まずないと知っています。動物は違います。食うか食われるかの恐怖にものすごく苦しむのです。もちろん、苦しみは感じます。しかし、動物たちにはどうすることもできないのです。

言語でないところで通じ合える

私は動物の気持ちがよくわかりますし、本当は皆さんにもそれは可能です。どこかの研究でゴリラに手話を教えて会話をしたというような報告があるようですが、私はあの研究は怪しいと思っています。動物とは、なんのことなく対話できるのです。

私はよくいろいろな動物としゃべっています。言葉はいりません。気持ちが通じることが対話なのです。「つまらないなあ」とか「退屈だな」という気持ちは猫にもあります。そして、私にもありますから、相通じます。

ゴータミー精舎にいる猫のナミちゃんは、私からえさをもらうのですが、いつも食べ過ぎているので、私はよく、えさをもらいに来たナミちゃんに「あと三十分経ってからおいで」と言います。それを二日三日繰り返すと、ちょうど三十分経ったらまた来るようになります。どうやって三十分がわかるか、私にはわかりません。しかしある日、言った時間の十分前に来たことがありました。私は「あなた、ちょっと早いよ」と言いました。すると、「ちょうだい」とおねだりするわけではなく、納得して待っていました。ナミちゃんは日本語がわかっているわけではないでしょう。でも、私が何を伝えようとしているのかがわかるのです。

昔、スリランカのお寺でも、猫が突然、私の部屋に来て、出ていかないということがありました。「ああ、こいつは、もうそろそろ死ぬんだ」とすぐにわかりました。知らない猫でしたが、そばにいて言葉をかけてあげていました。そして数日後にやっぱり死ぬのです。何匹もそうなりました。やはり、言葉でないところで通じ合えるのです。

仏教から見れば生命はみんな同じです。ただ、たとえば魚には声帯がないからしゃべれないとか、そういう違いがあります。それだけのことです。魚は、人の顔をわかるし、すごく感情があります。かつて友達になった魚は、私を見ると興奮して頭のほうが真っ赤になったし、大きい魚でしたが「遊ぼう」といって、私を追いかけて大きなコンクリートの水槽から飛び出したこともありました。また、水槽の水の入れ替えのときには、ほかの人では暴れるけれど、私が普通の言葉で「ちょっとあちらに行きましょう。水を入れるまで」などと言って抱っこすると、とても気持ち良く抱かれていたのです。もう水はないところなのに口は開けっ放しで、まったく怯えません。

仏教は慈しみを教えています。誰だって、自分と同じです。私は生命たちを同じ仲間として、対等にしゃべります。動物たちは言語で会話はしませんが、気持ちが通じるのです。

科学的に研究はできませんが、我々は、あまり言語に依存しないで生きてみると、動物たちともよく通じ合えます。それは、精神エネルギーの世界です。心というのは、言語を超えた精神エネルギーの世界のものなのです。

全生命を慈しむ仏教

仏教が扱う生命の範囲は、ほとんど人間だけに限定された他宗教と違って、ものすごくスケールが大きいのです。神を信仰する宗教が言うような、「神というものはアクセス不可能な絶対的存在で、神に創られたすっごくレベルが低いちっぽけな人間がいて、さらに魂さえもない動物がいる」などといった世界ではありません。仏教が出来上がった時代はヒンドゥー教の世界でしたから、神は梵天といいます。そして、仏教では、神がこの世を創ったわけではない、とはっきり言っています。「梵天にもすごくたくさんの次元があります」「梵天は一人ではなく、たくさんいますよ」と仏教では言っています。

仏教はとにかく「すべての生命に対して、慈しみを育ててください」と言います。どんな生命も軽視してはいけません。みんな輪廻転生しているのです。たまたまいろいろな形になるだけ。我々は、人間という形の物質をとっているだけ。ゴリラはゴリラになる物質を同じ地球からとっているだけ。精神の流れは同じです。

物質はレンタル

仏教は精神というものを教えています。そして、肉体は物質です。私たちは、「自分の肉体だ」と思っているでしょう。どちらかというと精神のほうは、何か宇宙と一体的なものとしてとらえているかもしれませんね。そこも逆です。

肉体は、個人のものではありません。地球のものなのです。地球から、太陽のエネルギーから、身体を作るのです。私たちは肉体に限らず、地球からすべてを借りています。私が使う言葉でいえば、すべて「レンタル」です。

このとき、レンタル料金を払えばそんなに問題はないのですが、皆さん、あまりレンタル料金を払おうとは思わないようです。「これは私のもの」「これは私の家」「これは私の身体」「これは私の家族」などと、なんでも「私のもの！」と主張するでしょう。仏教では、それは罪だと説きます。「私の」と言うたびに罪を犯すので、人はすぐに不幸になってしまいます。仏教はそれをシビアに指摘し、「あなたのものは何もありませんよ」と教えます。

まず、我々は物理学の世界で、すべてレンタルであるという立場をとらなくてはいけません。自分の四十兆の細胞、すべてがレンタルです。遺伝子もレンタルですよ。「私の遺伝子」と言ってはなりません。なぜなら、「私の」と言うけれど、その私がどこにいるというのでしょうか？

「私」はいない

「私」はいないのです。ただ、物質的なはたらきと精神的なはたらきという、二つのエネルギーがからんでいるだけです。エネルギーというのは、生まれては消える、生まれては消える、生まれては消える……。そのとき、そのときで、エネルギーは変わるのです。そしてもとには戻りません。

たとえば、ロウソクにもエネルギーがあります。火をつけたら燃えますね。そのとき、別なエネルギーに変わるのです。もう二度とロウソクには戻りません。すっかり燃え尽きても不滅なロウソクの魂、などというものもありません。実際、見つからないでしょう。

日本の皆さんはレンタル料金を払わないだけではなく、遺体を拝んだりもしますね。死んでしまったら、遺体が仏様だと思っているのです。ずいぶんな勘違いです。何かというとお位牌を大事にしたり、お墓を作ったり、現代人は、遺体を焼いた灰をペンダントなどに入れて持ち歩いたりもします。「いったい何をやってるんですか、ただの灰でしょう！」と言いたくなります。物質に執着すると、死後、すごく低い次元に生まれ変わることになってしまいます。

遺伝子は精神が組み合わせる

すべてのものは地球からのレンタルです。では、誰がレンタルするのでしょうか？実は、レンタル主こそ私たちの精神なのです。

私たちは親から遺伝子を半分半分、レンタルします。しかし、その組み合わせ方は、自分の精神の力によります。だから、子どもが三人いたなら、三種類の組み合わせ方に分かれるのです。必ず、同じにはなりません。同じ細胞が割れて二人になる一卵性双生児であっても、性格は違います。外見はかなり似ていても、性格が違うのです。

日本語では「血筋」や「サラブレッド」などということをよく言うでしょう。有名人の子どもがすごく才能を発揮しているときなどに、「さすが遺伝子が違いますね」「あの親のＤＮＡですからね」などと言ったりもするでしょう。そうとうな勘違いです。遺伝子というのは物質で、精神ではないのです。

遺伝子は親から半分半分でも、私たちの精神が、最初に精子と卵子を組み合わせるのです。自分の精神のエネルギーによって、最初にどんな組み合わせにするかを決めてしまいます。何万通り、いえ、もっと、ものすごくたくさんの組み合わせがあります。それを、みんな勘違いしているのです。

精神が組み合わせることによって、同じ両親の子どもであっても違ってきます。勉強のできる子がいて、身体が弱い子がいて、オリンピックに出るぐらい肉体だけ優れている子がいて、肉体は美しいけれど性格は最悪の子がいて……、もういろいろです。それは、遺伝子科学で説明できません。しかし、ほかにも可能性がたくさんあるのに、どうして、この遺伝子とこの遺伝子を組み合わせたのか。それが「たまたまです」「アクシデントです」ということはあり得ません。

物質と精神があっての生命

人は、生まれてからが人間ではないのです。おなかの中に一個の細胞が現れた瞬間から、もう人間です。一個の細胞。それからもう物質をレンタルするのです。

ごはんを食べることもレンタルです。借りて入れる。入れても入れても、物質だから無常で出ていきます。また入れなくてはいけなくなる。そうして肉体は変化しながら何とか続きますが、最後に精神が身体という機械の中で動けなくなってしまうときが来ます。そこで終わりです。肉体を捨てなくてはいけなくなります。「ああ、壊れちゃった。捨てましょう」ということで、精神はまた、別のところで物質を借りることにします。

このように、仏教的にいえば、精神の流れがあって、心の流れがあって、それが生命なのです。

私の身体も、レンタルの物体

私の身体は物体です。椅子も物体です。同じ地球のものです。この本も、皆さんの周りにある物質も、物体です。地球のものです。それらにはすべて、エネルギーがあります。それは、すべて太陽のエネルギーです。

太陽エネルギーでないものは、ものすごく危険です。たとえば、原子力で発電しているでしょう。あれは、太陽エネルギーではありません。品物を爆発させてエネルギーを作りますから、とても危険です。破壊して作るエネルギーが、どこまでも行きます。破壊波長が、破壊して、破壊していくのですから、危険極まりないです。太陽も、いろいろ壊しますけど、我々はそれに慣れていますから、そんなに危険ではありません。

物質は、燃やせますね。燃えると出てくるエネルギー、熱量は、もともと太陽のものです。私の身体も、いとも簡単に燃えます。物体です。ですから、身体に対して、そこらへんにある木やら石やら椅子やら机やらと「同じだ」「どうってことないのだ」と思わなくてはいけません。「たいしたことない、ただの物体だ」ということです。自分の身体をそのように思い、執着を減らさなくてはいけません。「私の身体!」というすごい価値を感じているような気持ちには、意味がありません。

心はレンタルではない

すべてのものはレンタルだと言いましたが、心はレンタルではありません。心もレンタルだと思うのはかまいません。自我の錯覚で「私の心」と思いがちですから、「いえ、心は心で、私のものではないのだ」というふうに思ったほうが正しいのです。「心も、私の心ではありません」と。

「私」「私の」というのは、錯覚、幻覚です。便宜上、そう言っているだけ。たとえば、生まれたときの私は、今いないでしょう。生まれたときの細胞は、すでに一個もないのですから。ぜんぶコピーしたものでしょう。コピーは原本ではありませんからね。細胞から新しい細胞をコピーする。そこから新しい細胞をコピーする。身体もコピーの流れなのです。コピーだから、似ているけれども、同じものではありません。

たとえば、ある人が、だいたい十歳の人を見て憶えておくとします。それから十年経ってから、その人に再び会ったとしましょう。すぐに見つけられるでしょうか？　おそらくわかりませんね。見て、びっくりするでしょう。「あれ、あの人ですか？」と。それぐらい変わっています。しかし、中身はその人自身です。

実際、十年も経てばその人の細胞はぜんぶ入れ替わっています。しかし、では別人かというと、そうではありません。なぜならその人の細胞のコピーですからね。心もそれと同じく、コピー、コピーという感じで流れるのです。

細胞のコピーは死で終わります。老いるということは、コピー機能が悪くなるということです。

たとえば、私は今、身体がすごく弱くなっていて、足も弱くなっています。遺伝子的には前と同じ細胞ですが、前はトントンと階段を上っていたのが今は、手すりにつかまって「よっこらしょ」という感じです。コピー、コピー、コピーからコピー、コピーからコピー……。それを続けていくので当然劣化します。老いるというのはそういうことです。

心も物質もずっと流れている

心の場合、身体のような劣化はあまり起きません。たとえば、私の肉体の年は八十歳に近いですが、「あなたの心の年はいくつですか?」と聞かれても、ちょっとわかりません。皆さんもそうです。「いえ、私は私ですけど」という感じでしょう。心には年がないのです。なぜなら年よりもはるかに激しく心が変化するからです。心の寿命は瞬間です。瞬間で消えて新しい心が現れます。それも瞬間で消えます。ですから、「心の年齢、精神年齢」などの概念は成り立たないのです。三十歳とか四十歳というのは肉体の年であって精神の年ではありません。心はもう、ずーっと流れて流れてしまっています。流れというのは、瞬間的な「現れて消える」ということです。消えると、その代わりにコピーの別のものが現れる。コピーだから似ていますが、たくさんコピーを繰り返せば、もうはっきりと変わっています。

つまりは、心は生滅、生滅、変化、変化するのです。それだけの話なのです。私の心も動物の心も同じなのです。心は心だけではたらきません。肉体と両方、あれやこれやといろいろなものがあって機能しているのです。心は流れて流れていきます。物質も流れます。物質は素粒子の流れで考えてください。電気は素粒子で流れていきます。流れがなければ存在というものもありません。

第3章……生命の法則、苦（dukkha）

感じるから生命

ここで、生命の定義をします。身の回りの物体と、物体である自分の身体は、何が違うでしょうか？　たった一つ、違うものがあるのです。

この本や椅子は、何も感じません。対して、「私」は、いろいろなものを感じることができます。「私」には、見える、聞こえる、味を感じることができる、匂いも嗅げる、身体を触ったら感覚がある。それから、頭の中でも感覚が回転して思考妄想しています。それらを感じることが、精神の世界なのです。

この「感じること」からすべてスタートするのです。一個の細胞も感じることができます。アメーバは単細胞生物です。アメーバには目も耳もありません。身体だけです。でも、感じます。感じるから生きているのです。

アメーバが何か間違ったものを食べて死んでしまうなどということは、絶対にありません。単細胞でしょう。はじめから自分に何が食べられるか、食べられないか、わかっています。環境が適しているか適していないか、わかっています。わかるというより感じるのです。顕微鏡で観察すればそれがわかります。アメーバは、環境が悪くなってくると仮死状態になって止まります。すべてのファンクション（機能）を止めるのです。そしてまた環境が良くなってくると、再び活動を始めます。寿命は短いですが、分裂してまた新しい生命を作ります。

アメーバは細胞一つの単細胞で、人間は四十兆の細胞を持っています。象は人間よりもたくさんの細胞を持っているでしょうね。細胞の数でえらさを決めるなら、象や鯨がえらいということになります。でも、大事なポイントは細胞の数ではなく、生命は皆、感じているということにあります。単細胞生物は、全体で感じますね。私たち人間になってくると、感じ方の仕事がそれぞれに分かれています。目があるから見える、光を感じる。耳があるから音を感じる。仏教では、眼耳鼻舌身意と言います。視覚・嗅覚・聴覚・味覚・触覚、そして意というのは、意識です。人間は、この六種類のチャンネルでものを感じることができます。

たとえば、コウモリなどは、ほとんど聴覚で生きています。夜、生活する動物は、あまり目は使いませんから、別の感覚が発達しています。そのように、生命ごとにいろいろな差があって、人間には、だいたいぜんぶそろっています。だからといって、人間が特別優れているかというと、そうでもありません。

ポイントは、「感覚があるから生きていると言える」というところです。椅子と人間の違いは、そこです。もし、皆さんの目が機能せず、耳が機能せず、鼻が機能せず、身体を触っても機能せず、さらに脳も信号に反応しないというなら、それは死んでいるということでしょう。つまり、感覚に反応することが生きることなのです。

感覚に対する反応とは

皆さん、この本を読んでいる今も、身体を動かしたり、いろいろなことをしていると思います。それは、生きているからです。椅子は動きませんね。生きているとは、身体に触れる感覚に反応することなのです。

目の前に、何か品物が見える。それで、細胞が反応する。脳にその反応した情報が行ったら、脳が解説します。「あの見える品物は食べ物です」とか「あれは、みかんです」等々……。するとさらに私の感覚が反応して、味覚を作りたくて、「食べなさい」という反応をして、手を伸ばしてみかんを取って、皮を剥《む》いて……と、いろいろな手順を経てものを食べます。

すべてが感覚に対する反応なのです。手を伸ばすときには、どの程度、手を伸ばすべきか、感覚でチェックします。みかんに触れたら、それ以上は手を伸ばしません。それから、指を動かします。それから、手に取って運びます。そのままでは食べられませんから、左手も使って皮を剥いたりします。ちょうどいい力加減で、うまく剥くためにも感覚を使っています。感覚で感じて反応する、感じて反応する、感じて反応する……。それできれいにみかんの皮を剥いてしまったら、次の感覚に行きます。もう感覚が変わっています。目の前にあるのは皮を剥いたみかんですから、それを割ったりします。人によって反応が違いますね。割って半分ずつ、二回で食べてしまう人もいるし、一房ずつ食べる人もいます。いずれにしても、すべて感覚に対する反応なのです。

よく、「これは身体にいいから食べよう」などと思ったりするでしょう。しかし、実際は違います。いつだって感覚に対する反応で食べている、というのが本当のところです。たとえば「みかんが身体にいい」というのは知識的なことで、たいして影響のあることではありません。身体にいいから食べているわけではないのです。我々は、みかんの味、つまり「感覚」にべったり依存するのです。果物が好きな人は、あの味の感覚に依存しています。味わいたくて、たとえ糖尿であっても食べてしまいます。そのとき、誰かが「こら、何やってんの！　食べたらだめでしょう」と叱ったなら、食べるのをやめます。「この人は怖いから、食べるのはやめましょう」と反応するわけです。

子どもがピーマンを嫌うのも、反応です。ピーマンの匂いが嫌で、「拒否」という反応が出るのです。「身体にいいから」と親が言って聞かせても、我々の脳の中に、本来それはインプットされていません。命の中に、「身体のために食べる」などという話はないのです。生きるとは、感覚に反応するということです。

なぜ反応するのか、それは苦だから

常に、感覚に反応して、反応して、反応して、私たちは生きています。なにもいちいち反応しなくてもいいのに、なぜ反応するのでしょうか？　この「感覚」こそ「苦」というものです。どうしても反応しなくてはいけない状態が現れているのです。ふだん、そのように意識してはいないでしょうが、本当は、この感覚が嫌なものなのです。

今、座って本を読んでいますか？　足の感覚はどんな感じですか？　もし、今の位置のまま、手も足もずっと動かさないでいたら、どうなりますか？　嫌になるでしょうね。変えたくなると思います。

どうしてごはんを食べるのでしょうか？　おいしいからですか？　いえ、そうではないのです。生きていきたいからでしょうか？　いえ、違うのです。身体が材料を必要とするから？　それも違います。理由は「感覚」です。空腹感という感覚。これが、「苦」

なのです。おなかがすくと、おなかやら身体全体に嫌な感じが生まれて、とても我慢できません。変えたいと思います。「この感覚はどうしても変えたい」ということになって食べ始めるのです。食べていくと、嫌でたまらなかった空腹の感覚が消えて、消えて、「ああ、まあ満足」という感覚が生まれます。すると今度は、食べることが嫌になってしまうのです。それで反応として、食べることをやめてしまいます。

食べることに限りません。たとえば、何もしないでじっとしていると、退屈になります。とても嫌な感覚です。ですから、テレビをつける。そして、テレビをつけていると、今度はテレビの感覚が嫌になってきます。それで消すことにします。

私は、瞑想指導でよく、まばたきについて言います。「一分間に何回、まばたきしていますか?」と。まばたきは、皆さん、無意識的にやっているでしょう。あれも感覚でやっているのです。無意識とか何とかいっても、ちゃんと心がやっていることです。あれも苦しみだからやるのです。

まばたきをする理由をチェックするのは、いたって簡単です。実験できます。実験道具として、一センチぐらいのセロハンテープが一枚、必要です。片方の目のまぶたに、まぶたが閉じないように貼ってみてください。二~三分、そのままでいればわかります。なぜ自分がまばたきをするのか。ずっと開けているのが苦しいからです。それでまぶたを閉じて、苦しみを消しているのです。

なぜ、呼吸するの？

苦だから動く。苦だから食べる。苦だからまばたきをする。では、なぜ呼吸しているのでしょうか？　科学では、「酸素が必要だから」と説明したりします。科学の説明は頭でっかちで、体感ではないのです。なぜなら、誰も「酸素」のことを知らない、科学が現れる以前から生命は呼吸していたのですから。「酸素が必要だから呼吸する」だなんて説明は、無駄話です。犬も呼吸しているでしょう。赤ちゃんも呼吸していますよ。もっと体感できるものが、理由としてあるはずなのです。

これも実験できます。いたって簡単です。息をぜんぶ吐いて、止めてみてください。本当は十分ぐらい、止めてほしいところですが、まあ一分でもいいでしょう。止めてみたらどうなるのか。ものすごい激痛が生まれます。だから吸うのです。激痛でいるところでようやく吸ったなら、そのときはとても楽しいはずです。

息をぜんぶ吐いて止める実験というのは、お釈迦様が行った実験です。お釈迦様は二～三分、あるいはもっと長く止めていました。とにかく、こらえてこらえ続けていると、「何だ、これは?」というほどの激痛が生まれてきて、「頭が、きつい革のヒモでギューッと縛って引っぱられているような感じでした」「おなかをするどい刃物で、ズタズタに切られているような感じでした」「耳のあたりを矢で刺されているような感じでした」「そして身体の中は、猛烈に熱い溶岩みたいな感じに焼けてきました」と表現されています。それでもお釈迦様は呼吸を止めたままでいて、やがて忍耐できなくなって、身体がこの苦しみに耐えられなくなって、意識がなくなって倒れます。そこまでの実験を、何回も試して研究しておられます。

感覚が快感なら死んでしまう

お釈迦様の実験で、何がわかるでしょうか? 呼吸を止めたら、激痛が生まれる。それでも感覚を変えなかったら、死にます。つまり、生きるプログラムには感覚があって、我々に絶えず命令が下されているのです。どういう命令かというと、「これを、常に変えなさい」という命令です。

常に変えるためには、苦しみでなければうまくいきません。我々は怠け者ですから、苦しくないものをわざわざ変えないでしょう。だから、感覚は苦しみなのです。

感覚があることが命でしょう。感覚は苦しみです。だから、生きることは苦なのです。何か苦しみがなければ、我々は動きません。変な例ですが、もし私が、壁に頭をドン！と、ぶつけたとします。すごく気持ち良くなったら、私はどうするでしょう。もう一回、ぶつけますね。すると、さらに気持ち良くなる。すると、頭が割れて壊れて、死んで倒れるまでやり続けてしまうでしょう。それで、命が終わってしまいます。

もし、カミソリで皮膚を切るとすごく気持ち良くなってしまうなら、どうしますか？さらに切るでしょう。止まらなくなってしまいます。

なぜ、人は麻薬に簡単に依存しますか？　麻薬を使うと、脳が麻痺するのです。脳に、痛みの感覚を感じる仕事ができなくなります。すると、苦しみを感じられなくなるのです。ですから、「もう一度欲しい、もう一度欲しい」となります。きりがなくなります。そうしているうちに、確かに苦しみは感じないけれど、脳細胞が壊れるのです。それで人生が終わります。

感覚の中に快感があったら、それで命が終わりなのです。これは、どんな生命にも共通していることです。快感を感じられると思っている私たちは、勘違いしているのです。感覚は快感ではありません。私が、皆さんに「壁に頭をぶつけてみてください」と頼まれて、どうしてもやることになったとしたら、あまり痛くならないように気をつけてやります。そのように、苦痛が我々の命を守っているのです。

苦があるから生きる

我々は、苦があるから生きているのです。苦しみがなくなったその瞬間で、命も終わりです。これは難しい、人間に理解できない真理です。ここまで、いくらかでも理解できるような説明をしてきたところです。

かゆくなったらどうしますか？　掻きますね。なぜ掻きますか？　かゆみは苦だからです。

なぜ、あれこれ料理をするの？

私たちはふだん、大量に味つけしているものばかりを食べているでしょう。そのまま食べたほうが健康にはいいのですけれど。キャベツも、ニンジンも、そのまま食べたほうが身体にいいです。

最近、小さな子どもが私のところに来たので、ごはんを出したのですがほとんど食べませんでした。親が「この子は、野菜なんかはそのまま生で食べるんです」と言うので、「安上がりでいいね」と言って、ニンジンをちゃんと洗って、そのままあげたら、それだけはすごくおいしそうに食べていました。一緒にヨーグルトもあげたのですが、「ヨーグルトはいらない」と言って食べませんでした。ニンジンだけを、一本の半分ぐらい食べたらおなかがいっぱいになったらしく、食べるのをやめていました。

その子のように時々、何もつけたりしないで、そのまま食べる子どもがいます。それは、正しい生き方をしているのです。私たちも、同じようにニンジンはそのまま食べたほうがいいのですが、そうはせずにあれやこれやといろいろなものを混ぜますね。あれはすべて身体に毒です。

どうして、私たち大人などはいろいろなものを混ぜて食べるようにするかというと、そのまま食べると、なんだか苦しみを感じるからです。感覚が麻痺しているのです。感覚が麻痺していなければ、そんなに問題はありません。しかし、年を取れば取るほど、感覚が麻痺して鈍くなります。そこで、いろいろな味をつけて食べたりしているのです。

何をするのも「苦」があるから

食べることに限りません。人間はなぜ眠るのでしょうか？　眠くなると、嫌な気持ちになるからです。とろーんと眠くなったとき、気分が良いわけではないのです。もし、眠気がすごく気持ち良いことだったら、ずっとそのままでいるでしょう。「ああ、すごく気持ちいい。絶対寝ないぞ。この気持ち良さが、寝たらなくなっちゃう」ということになって、眠いままでいることにするでしょう。

でも、実際は違います。眠気は、ものすごく気持ち悪い。それで眠るのです。そして、眠っているのが気持ち良かったら、二度と起きないでずっと寝ていたりすることになりますね。でも、眠っていると、今度はその感覚がとても嫌なものになってきます。だから、起きてもいい気持ちではないのです。その嫌な気分をなくすために、起きがけにコーヒーを飲んだり、いろいろなことをするのです。

このように、すべては「苦があるから」行います。苦があるから、テレビをつける。苦があるから、テレビを消す。苦があるからヘッドフォンやイヤホンで音楽を聴く。苦があるから、イヤホンを外すということになるのです。

日常生活でも、皆さんは、苦があるから、仕事に行く。苦があるから、仕事をする。会社に行って、楽にして新聞を読んだり、足を机の上に置いたりしているとまずいので、一生懸命、仕事をします。

では、仕事をすることは楽しいかというと、苦しいのです。だから仕事が終わったとたん、「一杯飲みましょう」ということになるのです。では、飲むことは身体にいいのでしょうか？　あれも苦しみです。二日酔いになります。

苦を変換して変換して、生きる

苦しみがあるから、結婚する。結婚は苦しいから、離婚する。苦しみがあるから、子どもを作る。子どもが産まれたら、新しい苦しみが出てきて、また悩む。何をやっても、苦からは逃げられません。

生命は何をするものかといえば、「苦を変える」ことをするのです。苦をなくすのではありません。苦をさまざまな苦に変換するのです。

たとえば、一人でごはんを食べるとき、それは「空腹」という苦しみを変えようと思って、食べることにします。しかし、それでも苦しみを変えるのに足りない。それでテレビをつけて、テレビを見ながらごはんを食べたりするのです。とにかく、人は生きる上で、苦しみをいろいろな方向に変えています。人間がやっている一切の生きるための行為は、感覚がやらせているのです。人間だけではありません。すべての生物がやっている一切の行為は、感覚がやらせているのです。この感覚が、苦（dukkha）なのです。

生きている細胞を一個、顕微鏡で見てください。アメーバみたいに、ぐにゃぐにゃ、ぐにゃぐにゃ動いています。もしも動かなかったら、ものすごい苦しみで死にます。私はよく足がつります。皆さんも、もしかしたら経験があるでしょう。足のふくらはぎあたりの筋肉がつること。つったときに触ってみると、とても硬いです。ねじれてしまってやわらかくならない。いわゆる動かない状態です。生きているので、細胞は動いていますが、束となっている筋肉が動かなくなっているのです。情けないから泣きませんが、泣きたいぐらいの激痛です。

足がつらない方でも、おそらくほとんどの方は、よく肩が凝るでしょう。凝った肩を触ってみると、がちんがちんでしょうね。あるいは、結跏趺坐《けっかふざ》という足の組み方にしても、できる人とできない人がいるでしょう。身体が硬い人は、足を組むともう激痛です。身体がやわらかい人はどうということもなく足を組む。それでも、苦は生まれます。だから、我々は別の苦しみに変えるのです。

座っていると苦しくなってくる。それで立つ。立っていると苦しくなってくる。そうすると歩く。歩くと苦しくなってくる。そうするとまた止まる。止まっていると苦しくなってくる。また座る……。そうやって、永遠に、我々は苦を変えていきます。生きることはただ、それだけです。ほかには何もないのです。苦しみがなければ、勉強もしません。

「生命は何ぞや」「生きることは何ぞや」「神様はいるのか」「死んだら私は天国に行くのか」などという悩みがあるでしょう。あれも、苦しみがあるからです。

第4章……ブッダの苦（dukkha）、その真髄

苦を認識するのは心

仏教のいう苦（dukkha）が、どういうものか、おわかりいただけたでしょうか？　苦（dukkha）は、生命に共通するレベルの、生命が生きていくのに必要不可欠なものです。そして、それを認識する機能、認識するはたらきを心といいます。心とは、どこかに存在するものではなく、認識すること、それだけです。

目を開けた瞬間、心なのです。目を開ければ見えますね。その機能を心というのです。脳科学は、そこまではまだ進んでいませんし、進んでも物理学の延長でやっている研究なので、心の解明は難しいと思います。

しかし、実際私たちは、怒り、嫉妬、憎しみ、落ち込み、あれやこれやで生きているでしょう。それが生きる衝動です。欲があれば、「がんばらなくちゃ」という気持ちが起きてがんばったり、「もういいや、こんなの」と落ち込んでしまったら動かなかったり。気持ちによって、それなりに肉体が変わってしまうのです。逆に、肉体的な状態によっても気持ちが変わっていきます。そうやって二つのエネルギーが両立してはたらきます。心は、ものでなくエネルギーです。

では、嫉妬はどこにありますか？　怒りはどこにありますか？　欲や物惜しみは、脳のどこにありますか？　脳の中には見つかりませんね。でも、あるでしょう。脳が考えるから、物惜しみを応援する。脳で概念がぐちゃぐちゃ回転するから欲が掻き回される。回転するといっても、実際はただ電気信号が飛び交うだけですが。同じ方法を使って脳を動かして、欲を減らすこともできます。だからお釈迦様は思考に厳しく、「正しい思考をしなさい」とおっしゃるのです。正しい思考とは、欲が減る思考、怒りが減る思考です。「意図的にやってください」と言います。やれば、かなり身体が、心が、脳が、健康になります。

「欲しいな」と思ったなら、まず、あってどうなるのかを考えてみましょう。「あったってかえって迷惑でしょう」というふうに、欲をなくす方向へわざわざ思考を持っていく。それが仏教のやり方です。本当は、思考そのものがいらないものですが、まずは、欲や怒りが減る思考などをしてくださいと教えています。

心というのは、一つのエネルギーの流れです。物質は物質の流れで、物質である肉体と心が交差したところが命なのです。交差しない場合は、心だけで身体を持っていない生命になります。私たちは知らない、ある次元の生命です。

正しく見ると気づく真理「不完全」

第1章で、私たちは世の中を正しく見ていないということを説明しました。正しく見ると、わかります。「私たちが何かプロデュースすれば、ほんのちょっと楽しみが生まれる。でも、すぐそれは消える」と。楽しみは持続しません。しかし、どんな品物も「苦しみを与えてくれる」ということだけは一貫しています。

おにぎり一個は、確かに楽しみを与えてくれます。ものすごくおなかがすいていて、ほかに食べ物がない場合は、三つぐらい食べたりもするでしょう。すると、三つ目は楽しみを与えてくれません。同じ釜で炊いたごはんで、海苔も同じもので、もうぜんぶ同じものなのに、一つ目のおにぎりは楽しみを与え、二つ目のおにぎりはいくらか楽しみを与え、三つ目は全然、楽しくない。その秘密は何でしょう。正しく見てください。見ても、仏教を理解していないとわからないと思います。ものは不完全なのです。すべてのものは不完全。この「不完全」という言葉も、仏教用語でdukkhaと言います。Dukkhaとは、まさに「苦」のことです。

ものはいつでも不完全で、充分な満足は与えてくれません。出汁の入っていない味噌汁みたいなものです。

皆さん、味噌汁を飲んでいますね。一度、出汁を入れないで作ってみてください。出汁を入れないで作った味噌汁は、まあ、まずいわけではないです。でも、どこか不完全でしょう。毎日、味噌汁が与えてくれる満足感の程度が、出汁がない分、ちょっと減っているのです。

あるいは、私のように、一切、塩を使わないで料理をしてみてください。天ぷらを食べるときでも、いつもかけていた天つゆや醤油をやめて、何もつけずに食べてみてください。どこかで、「なんだか物足りない」という感じが出てくるでしょう。

我々は人工的な世界で、いつも完全にしようとがんばっています。味噌汁を作る場合は、ちゃんと発酵させた味噌を使い、それでも味が足りないといって出汁を入れて、それでも物足りなくて、ネギやら豆腐やら、いろいろ具を入れたりしてプロデュースします。「完全に近づこう」と、がんばるのです。その分、楽しみが生まれてきますが、結局は不完全です。

すべてのものは不完全だと実感する実験

出汁のない味噌汁がおいしく感じないように、不完全なものは、やっぱりどこかで欠点を持っているのです。もし、もともと、すべてのものごとが不完全であるならば、我々は、何に依存して、何に期待して、完全たる幸福を得られるというのでしょう。何をやっても、やがて嫌になることは決まっています。我々は、何をやっても、やがて嫌になる。飽きてしまうのです。

皆さん、実験してみてください。自分がすごく好きなものを何か選んで、ちょっと繰り返してみてください。好きな映画でもいいです。映画だと時間がかかり過ぎるなら、もっと短い時間で見られる漫才でもいいです。すごく気に入った好きなものを、繰り返し、繰り返し、繰り返し、見てみる。あるいは聞いてみる。どうなると思いますか？飽きますね。

私は、飽きるのがすごく早いです。今は買いませんが、一時期、映画のビデオやDVDを「ああ、これおもしろそうだな、見たいな」と思って買っていました。買って、自分の部屋に帰ると、もう飽きているのです。ビニール袋に入ったままで、開けてもいないビデオやDVDが十五本~十六本、もっとあるかもしれません。

開けていないCDもあります。買うときは、真剣に、真面目に選んで買っています。「これ、ものすごくいいかも。買っちゃえ」と、よくアマゾンでも注文しました。届くころには「まあいいや、もうけっこう」という感じになっていて、そのまま。私の飽きるタイミングはちょっと早過ぎるかもしれませんが、誰でもそんなものです。

苦と楽の関係

生きることは完全に苦であるという仏教の真理を説明しているところですが、皆さんは、音楽を聴いたり、ごはんを食べたり、わが子と遊んだりすると「楽しい」と思いますね。給料などの収入が得られると「楽しい」と思います。その楽しみとは何なのか、よく研究して考えるべきなのです。

激しい空腹感で苦しんでいたならば、おにぎり一個を食べるとびっくりするほど楽しくなります。「おにぎりとはこんなにおいしいものなのか!」と、びっくりします。その勢いで、二個目のおにぎりからも同じ喜びが与えられるはずだと思います。しかし、二個目もおいしいとは感じますが、そのおいしさは一個目ほど強くないのです。続けて三個目、四個目も食べるはめになったなら、おいしいどころではなくなります。嫌になってくるのです。

今、挙げたおにぎりを何個も食べる例を、数値的に考えてみましょう。はじめに、激しい空腹感がありました。苦の値はとても高い状態です。一個目のおにぎりでその苦を消しました。消された苦の値も高いのです。しかし、まだ少々空腹感は残っています。二個目を食べるとその苦も消されます。ですからある程度、おいしいと感じます。この時点でもう、空腹感の苦がないのです。値はゼロ。それで三個目のおにぎりを食べます。おなかにスペースはあるので入るかもしれませんが、そのおにぎりが消す苦はないのです。ですから、「おいしい」ではなく、「まずい、食べたくない」という感じが生じるのです。

別の例でも考えてみましょう。退屈でたまらないときに音楽を聴くと、けっこう楽しくなります。なぜならば音楽が「退屈」という苦を消してくれるからです。ずーっと消えていって、その苦の値がゼロになったところから、今度は音楽が苦になってしまうのです。ということは、消す苦の値が高ければ、我々が楽しいと感じる値も高いのです。消す苦がなければ、楽しいと感じるのではなく、苦しいと感じるのです。

一円も持っていない人は、生きることに極端に苦しみを感じます。その人が一万円をもらったら、宝くじに当たったたような気分になるのです。あげた人は神様の化身のように見えてしまうことでしょう。では、億万長者に一万円をあげてみましょう。侮辱されたと激怒するかもしれません。一万円がどれほど幸福を与えることができるのか。それは、一万円がどれほどの苦しみを消してくれるのか、ということです。

このようなわけで、「苦があるから楽が起こる」という公式が成り立ちます。ですから、「いつだって苦だよ」「楽はないよ」という真理とは別に、一般的なこととして「我々の日常生活において楽しみが感じられる」と言う分には差支えありません。実際、消すべき苦がある限り、楽を感じるのです。

楽しみを感じるメカニズム

続けて十個ぐらいおにぎりを食べるケースを想像してみましょう。一個目はおいしい。二個目はまあまあおいしい。三個目はなんとなくおいしい……などの感想になります。十個目はもう気持ち悪くなっているところを嫌々、強引に無理やりに詰め込まなくてはいけない感じです。おいしいどころではなく、拷問されている状態です。では、一個目のおにぎりは自分の強い味方で、十個目のそれは自分の手ごわい敵でしょうか？　そうではありません。

十個のおにぎりは皆、中身もすべて同じもので、まったく変わりありませんでした。ですからおにぎりが与えた感覚は、十個目まで同じもの。ただ、食べる人の心の中にそれと違った出来事が起きたのです。十個分とも身体に入れたのは同じ感覚で、最初は入れた感覚によって既存の苦が消えたのです。しかし、三個目からは消す苦がありませんでした。ですからそれ以降、おにぎりは、自分が本来与えるべき感覚を与えることになったのです。それは苦でした。つまり、最初からおにぎりは苦の感覚を与えていたのです。しかし食べ始めた時点では、新たに入る苦で置き換える既存の苦の値が高かったのです。それを我々は「楽しみ」と理解する、というわけです。

実際には、楽しみは苦の置き換え

もっと極端な例で説明してみましょう。どこかの臓器にガンが現れたとします。わかったときには進行度合いも体調的にも、とても危険な状態になっていました。当然、精神的にも肉体的にも苦しみを感じます。何とかしてガンを克服しようと、開腹手術を受けて臓器を摘出したり、放射線治療を受けたり、抗ガン剤の投与を受けたりします。

その結果、もしガンが完治したならば、本人は幸福を感じます。しかし、そのときには身体の臓器は一つ失っていて、放射線治療などで身体の全細胞が不健康にもなっているのです。ただ、そうしたことは気にせず、「ガンが治ってよかった」という結論に達するのです。

このガン克服の例で起こっていることというのは、より高い危険な状態からそれほど危険ではない状態への置き換えです。先ほどの十個のおにぎりの例も、起こっていることとしては同じです。超おいしかったと思った最初の一個のおにぎりも、実は苦を与えるものでした。ただ、空腹という苦とおにぎりが与える苦を徐々に置き換えていたのです。生きるとは、既存の苦を新たな苦で置き換えるだけの話です。

不完全であることをdukkhaという

すべてのものは不完全。我々は充分満足できないし、すぐに飽きてしまいます。このリビングシステム・生命法則を、そのまま表現するものとして、お釈迦様はdukkhaという言葉を使ったのです。

Dukkhaは「苦」と訳されることが多いですが、四つの意味が入っています。「不完全」「虚しい」「苦しみ」「無常」。この四つです。ですから、dukkhaとは「苦しみ」という意味だけではないのです。

このうち、dukkha＝無常について解説します。世の中はぜんぶ不完全ですが、たまたま完璧なものも、ないわけではありません。たとえば、完璧な食べ物もあります。どういうものかというと、いろいろな料理法の中で、「その料理の第一人者」と言われる一流の人が作った料理です。もう、これ以上は発展できないところまで発展しています。このメニューはこの味で、これが最高の格付けの基準で、これ以上はおいしくならない、という料理。もし、そういうものを食べるチャンスがあったら、すごく楽しくなります。「あの料理、私は最高のものを食べたことがありますよ」と自慢もできます。でも、問題があるのです。無常なのです。楽しかったのですが、それでも私たちを満たすことはできないのです。

Dukkhaだから生きている

Dukkhe《ドゥッケー》 loko《ローコー》 patiṭṭhito《パティッティトー》。Loko《ローコー》というのは「生命」という意味です。また、「世界」という意味もあります。生命世界、すべての生命をまとめて、仏教は「世界」と呼んでいます。

日本語でも「この世界は」と言いますね。そういう場合は、だいたい人間のことを指していて、地球のことを言っているわけではありませんね。地球のことを言う場合は、「この地球は」と言うでしょう。

仏教は「loko＝世界」と言ったら、地球の生命だけでなく、すべての宇宙の存在を言います。それが、dukkhe《ドゥッケー》 patiṭṭhito《パティッティトー》 ＝「苦によって成り立っているのだ」というのです。

苦がなければ、生命がいません。不完全でなければ、生命はいません。今、私の身体は不完全だから呼吸し、ごはんを食べ、水を飲み、身体を動かし、寝たり起きたり、いろいろなことをしています。そうしないと死んでしまいます。

遺伝子にしても、遺伝子そのものが不完全だから、どんどんどん、コピーしてコピーしていくのです。安定しません。細胞の核の中で、いろいろな変化が起こります。どのように変化するかというと、本で読んだ大まかな理解ですが、細胞の中にある核が、まるっきり落ち着かないのです。いつでも、動いて動いて、安定しようかなと思ったところで、きれいに遺伝子が分かれます。分かれてもまた不完全なので、新しい物質でさらに新しい細胞を作る。それも不完全で安定しないからまた、分裂する。それを繰り返していきます。

不完全だから生きている

我々の身体が不完全だから、我々は生きているのです。「完全だったら」というのはあり得ません。完全だったら生命も存在できません。

なぜ、昼と夜があるのでしょうか？　昼だけでいいと思いませんか？　あるいは夜だけでもいいと思いませんか？　考えたことがありますか？　皆さん、「どうすればもっと若く見えるのか」みたいなことだけを一生懸命、考えるのではなく、そういうことも考えてほしいと思います。

なぜ、昼と夜があるか。皆さんが知っている知識では、地球が自転しているからだとなりますね。我々が住んでいるところが太陽のほうに向くと昼で、太陽に背を向けると夜になります。

では、なぜ自転するのでしょう。なぜ、回るのでしょうか？　じっとしていればいいのに。それは、不安定だからなのです。回らずにはいられない。回るわ、回るわ、きりがなく回ります。さらに公転もします。なぜ、公転するかといえば、太陽と地球のエネルギーが対立して、アンバランスが生まれるからです。

我々は太陽の自転・公転の中で生きているので、アンバランスをバランスにしようと、太陽に合わせて、あれやこれやと調整するのです。不完全だから、調整する。それが生きることなのです。

永久に修理中

我々は、永久的に修理中なのです。生きるということは、何か壊れている、だから修理する、また修理する、それの繰り返しです。呼吸することも修理です。細胞が壊れるので、ずっと呼吸して空気をあげ続けないとなりません。

生命は永久的に修理中、工事中。この工事中であることが、生きることです。

これはぜんぶ、お釈迦様にしか言えない真理です。生きるとは、限りなく工事中であること。工事中だったら、立ち入り禁止でしょう。そこは使えません。生きることもまさにその通りで、誰も生きることを味わえないでいるのです。工事中で忙しく、生きる暇がないのです。世の中で、ほかにそんなことを言う哲学があるでしょうか?

たとえば、私が家を建てようとします。建てるあいだは工事中です。サグラダファミリアほどではないにしろけっこう時間をかけて工事して、工事して、家を作ろうとする。作るわ、作るわ、作るわ……、で、家が完成する前に、私が死んでしまったとしたら虚しいですね。新しい家に引っ越して気持ち良く住むことができなかった。それがdukkhaの「虚しい」というところです。

我々は、ずーっと修理中、工事中で、生きることをする前に死ぬのです。我々は、頭の中で考えている気持ち良く、楽々、安穏に生きようということを実行する前に死ぬのです。死んで、また新たな身体を作ります。これまた工事中です。そこで「虚しい」という意味が出てくるのです。これも、お釈迦様がおっしゃったdukkhaという真理です。どうでしょう。ここまで読んで、仏教がいう「生きることは苦である」ということが真理であると、納得がいったでしょうか？　本当は皆さん自身が、ふだんの生活の中で発見したほうが、より理解が深まると思います。ぜひ、検証してみてください。

苦という、ブッダの真理

「我々は苦によってできている」ということは、みんな理解しない、ブッダしか語らなかった真理です。世の中で誰にも語ることができないし、「この真理は間違っている」と言うことは、いかなる生命にも不可能です。

お釈迦様はチャレンジしています。「間違っていると指摘することができるならばやってみなさい」と、転法輪経に説かれています。

Appaṭivattiyaṃ《アッパティワッティヤン》 samaṇena《サマネーナ》 vā《ワー》 brāhmaṇena《ブラフマネーナ》 vā《ワー》 devena《デーヴェーナ》 vā《ワー》 mārena《マーレーナ》 vā《ワー》 brahmunā《ブラフムナー》 vā《ワー》 kenaci《ケーナチ》 vā《ワー》 lokasmiṃ《ローカスミン》

「この教えを逆転すること(間違っていると言うこと)は、いかなる沙門*にも、いかなるバラモン*にも、いかなる神*にも、いかなる魔*にも、いかなる梵天*にもできません」

どうでしょう。そんなにも大胆に語っているのです。その真理は、誰にも逆転することができません。そして、真理を知ったら、どれほど強くなるのかというと、それこそ大いなるやすらぎが生まれるのです。

＊沙門—修行者。バラモン—ヒンドゥー教の聖職者・知識人。神—すべての神々。魔—マーラと呼ばれている一種の神々。梵天—禅定の力で神々の次元をはるかに超えている存在。

なぜ、苦しみがあるのか

どうしてそんなにも生きることは苦なのでしょうか？

私たちは生きていきたいのです。これは根拠のない希望です。「どうして生きていきたいんですか」と聞かれても、どうしても生きていきたいのです。この根拠のなさ、わけのわからなさを「無明《むみょう》」といいます。無明とは苦がわからないことです。

「どうしても生きていきたい」という気持ちは、渇愛といいます。渇愛ははじめからあるもので、それ自体をどうこうしようとしても無駄です。ですから、それは放っておいて、生きることを勉強してみましょう。

生きることを勉強すると、苦であるとわかるのです。そうすると、「なんだ、生きていきたいといっても、意味がないなあ」とわかります。一般世界で言う「生きていきたくはない」「生きたくはない」というのは執着です。それとは違って、「生きていきたいといっても意味がない。人生は苦だ」と知ることは、超越した領域なのです。生きていきたいとも、死にたいとも思わない。これは心の解脱の境地です。

「生きることは苦」から現れる智慧

この世の中はすべて苦であると見ることができるようになると、ブッダの見方で、解脱の境地でいろいろものごとが見えるようになります。

仕事で悩みごとがあったりするのは、生きることは苦だから、当たり前。上司の性格が悪くて、すごくストレスがたまるなどということも、「だから何？　そんなのは当たり前でしょう。ありえるよ」というふうになります。そして、ものごとがクリアに見えるようになるのです。たとえば、「上司の性格が悪いから悩んでいるんです」と言う人は、上司のしつけをしたがっているのです。でも、それはあり得ないでしょう。上司を直そうとするのではなくて、状況を見て「あ、こういう対応をすればいいんじゃないかなあ」と、対処していくのです。

皆さんも苦を学ぶならば、「なんだって苦だ」「苦によって成り立っているんだ」「苦がなければ成り立ちません」と、わかるようになります。苦が当たり前だとわかるのです。

世界の成り立ちは苦から

仕事は苦がなければ成り立ちません。世界にあるあらゆる料理方法は、苦しみがなかったらありません。世界にある服、デザインも、苦しみがないとないのです。なんでもそうです。

皆さんの髪の毛一つをとっても、誰もがきちんと整えていて、いろいろ髪に関する製品もありますね。シャンプーやリンスもそうですが、毛染めやら育毛剤など、いろいろあります。私のところにも、毎日、育毛剤の宣伝メールが届きますよ。それから、アデランスなどかつらもありますね。

なぜ、人工的な髪の毛が世の中にあるのかといったら、それも「苦があるから」なのです。もしもみんなが「禿《は》げると、すっごく幸せだなあ」「禿げてやっと一人前になった」と喜ぶとしたら、かつらなどが世の中に現れるはずはありませんね。みんな若くありたいのです。年を取ることを認めたくないのです。だからかつらの商売がはやるのです。

この世の中、苦がなければ何一つ存在しません。もし、この世の中の何かに感謝することがあったら、苦に感謝してください。たとえば、奈良や京都に行って、仏像を拝んだりしたときに、「なんてありがたい仏様でしょう」と思ったとしたら、苦に感謝してください。苦があるから、仏像が現れたのですから。でないと現れません。「いろいろなものがあって、ありがたい」と、日本の文化に感謝いっぱいで生きているならば、苦に感謝してください。なんてすばらしいのでしょうか、ありがたいなあなどと思うものはすべて苦のおかげです。

このようなわけで、苦(dukkha)が真理なのです。

第5章……七つの苦と五取蘊

苦からは逃げられない

四聖諦の一、苦は何ぞやということで、お釈迦様はこうおっしゃっています。

Jātipi《ジャーティピ》 dukkhā《ドゥッカー》 ―生まれることは苦である（生苦）。
Jarāpi《ジャラーピ》 dukkhā《ドゥッカー》 ―老いることは苦である（老苦）。
Byādhipi《ビャーディピ》 dukkho《ドゥッコー》 ―病は苦である（病苦）。
Maraṇampi《マラナンピ》 dukkhaṃ《ドゥッカン》 ―死は苦である（死苦）。
Appiyehi《アッピイエーヒ》 sampayogo《サンパヨーゴー》 dukkho《ドゥッコー》 ―嫌な人とつきあうことは苦である（怨憎会苦《おんぞうえく》）。
Piyehi《ピイエーヒ》 vippayogo《ヴィッパヨーゴー》 dukkho《ドゥッコー》 ―好きな人から離れることは苦である（愛別離苦《あいべつりく》）。
Yampicchaṃ《ヤンピッチャン》 na《ナ》 labhati《ラバティ》 tampi《タンピ》 dukkhaṃ《ドゥッカン》 ―期待するものを得られないことは苦である（求不得苦《ぐふとくく》）。

どうですか？　当たり前のことに聞こえるでしょう。それほどお釈迦様はわかりやすい言葉でおっしゃっているのです。ですからつい、「子どもにもわかることを言っている」と思ってしまうのですが、お釈迦様が言うことが正しく理解できれば、それは覚りです。そう思えない簡潔な言葉で真理を伝えるのがお釈迦様のやり方なのです。

どうぞ、裏を読んでみてください。老いることから逃げられますか？　死ぬことから逃げられますか？　毎日、毎日、新たな新たな身体になっていくでしょう。このことを変えられるでしょうか？　できませんね。それが命です。毎日、身体を作っているのです。大変です。瞬間、瞬間、老いていくのです。病には二種類あります。生きることも病です。そしてもう一つ、風邪をひいたり、デング熱にかかったり、ガンになったりというのも病ですね。

病原体を排除すれば死ぬ

病気は嫌でしょう。かといって、「あなたは病気になりません、保証します」と言ってもらえる人は誰かいるでしょうか？　いるわけがありません。身体の中にも細菌があって生きているのです。つまり身体は細菌が入るようなシステムに、はじめからなっているということです。

食べたものは、いろいろ名前が付いた菌がなければ正しく消化されません。また、我々の細胞の中にはミトコンドリアという別な生命体がいますね。あれがいなければ、エネルギーが生まれません。電池みたいなものなのです。ですから、我々がもし体内に細菌や微生物を拒絶する膜を作ってしまうと、自分が死んでしまいます。抗生物質を飲まなくてはいけないとき、医者が注意するでしょう。「やみくもに使ってはいけません。ちゃんと医者の指示通りに飲んでください」と。これは、本当は病気の原因となっている細菌を殺すだけにしたいからです。しかし、原因の菌を殺す薬はもちろん、善玉も死なせます。ですからそれを、最小限にしたいということですね。

たとえば「四日間、服用してください」と薬を処方されたら、けっこう多くの人は、二日ぐらい飲んで病気がいくらか良くなったところで、薬を飲むのを止めたりするでしょう。それはとんでもないことだったりします。病原菌がいくらか弱くなっただけで、次の薬を飲まなければ、病原菌がそのまま定着します。それで薬に慣れてしまって、もうその薬は効かなくなったりするのです。

そういうことを考えると、やはり我々は、細菌や微生物に対して身体をオープンにすべきなのです。玄関を開けておけば、身体に問題を起こすものは、まあ、入ってきます。だからといって、玄関を閉めたら自分が死にます。

つまりは、誰だって病気になるし誰だって死ぬということです。逃げられません。

誰にも否定できない七つの苦

お釈迦様は誰にも否定できない七つの言葉で、苦を説明しています。それが先ほど挙げた七つです。最初の四つは生老病死。そして「嫌な人とつきあうことは苦である」というのは怨憎会苦、「好きな人から離れることは苦である」というのは愛別離苦、「期待するものを得られないことは苦である」というのは求不得苦と日本語で言われていますね。

この七つは、誰にでも共通です。「あ、これは私に関係ない」とか「私は好きな人がいくら亡くなっても、いくらいなくなっても、全然へっちゃら、楽しい」などということはあり得ません。動物さえ、自分の子どもが死んでしまったら、すごく悲しみます。好きなものから別れ、離れるのは嫌なのです。嫌なものと付き合うのも、もちろん嫌です。しかし、生きている上で我々には、それを選択できるでしょうか？　誰と付き合わなくてはいけなくなるか、世の中でまったくわからないでしょう。全員、ものすごくお気に入りの人だけがいる会社なんて、あり得るでしょうか？　社長からいちばん格下のヒラ社員までみんなかっこ良くて性格が良くて、最高。そんな会社はあり得ませんね。

どんな世界でも、会社であろうが、医者であろうが、嫌な人はいるのです。少し前にニュースで見ましたが、スリランカの医者同士で、警察沙汰になるような大げんかが起こったこともあったようです。知識人同士でも、そのようなことは起こるのです。

お釈迦様は、誰もが否定できない、誰でも知っていることを言って、「これは苦である」と教えているのです。

五取蘊＝苦

誰にも理解できる一般常識に基づいてお釈迦様は七つの苦を語りました。それから、現象的な苦ではなく、真理としての苦とは何なのか、説かれています。それは「saṅkhittena《サンキッテーナ》 pañcupādānakkhandhā《パンチュパーダーナッカンダー》 dukkhā《ドゥッカー》――ようするに、五取蘊《ごしゅうん》は苦である（五取蘊《ごしゅうん》苦《く》）」ということです。

「人生は苦」。しかし、人間は頭があまり良くないので、パッとそれを聞いただけでは「これは大変なことだ」とは感じないのです。

お釈迦様が菩提樹の下で覚られてブッダとなってから最初の説法を、初転法輪《しょてんぼうりん》といいます。五人の比丘たちに五取蘊という真理を説いたのです。しかし、五人ともおそらく、「そんなのは当たり前のことだ」という感じで聞いていたことでしょう。お釈迦様は、わかりやすい言葉で語りますからね。

五取蘊（pañcupādānakkhandha《パンチュパーダーナッカンダ》）というのは、よく五蘊（pañcakkhandha《パンチャッカンダ》）といわれるものと同じです。五蘊というのは省略形です。我々の命は五つのはたらきで構成されているのです。五つのシステムといってもかまいません。

①rūpakkhandha《ルーパッカンダ》：色蘊―これは肉体のことです。身体の細胞システムと理解してもよいです。

②vedanākkhandha《ヴェーダナーッカンダ》：受蘊―これは身体中に機能する感覚のことです。感じる能力です。

③saññākkhandha《サンニャーッカンダ》：想蘊―眼耳鼻舌身意に入る情報を現象（概念）に変えるシステムです。

④saṅkhārakkhandha《サンカーラッカンダ》：行蘊―生きていきたい、考えたい、話したい、行動したいなどなどの気持ちです。衝動です。

⑤viññāṇakkhandha《ヴィンニャーナッカンダ》：識蘊―認識するシステムです。

ようするに、身体、心、感覚のことを五蘊といいます。どんな生命にも、五蘊があります。五蘊に、「執着（取）」という感情を形容詞として付けて五取蘊というのです。*

五蘊という五つのシステムは無常なので苦です。といえば、太陽も地球もその他のものも無常なので、苦といえるのです。世の中の品物が壊れていることは我々にとってそれほど精神的な問題になりません。しかし、世にある品物に「私のもの」と執着すると、壊れていることは精神的に耐え難い苦しみになります。森の中の木が一本、倒れたとしましょう。自分にとっては痛くもかゆくもない、ごく自然な出来事です。自分の家の前にあった樹齢四十年になっていた木が倒れたとしましょう。それは自分の庭にあった木なのです。倒れると苦しみを感じます。大いに悩むのです。あるいは、道路で車が事故を起こしたと聞いても無関心で、無駄話扱いすることでしょう。しかし、事故を起こしたのは自分の車だと聞いた瞬間、限りなく悩み苦しみが現れるのです。

＊漢訳仏典では執着（upādāna《ウパーダーナ》）を取《しゅ》と訳します。

気にしなくていい苦と大問題の苦

五蘊は無常で苦です。それは世間にあるすべての現象と同じものです。しかし、五蘊に「私です」「私のものです」という執着が生まれたら、それは限りのない悩み苦しみの原因になってしまうのです。

ここで二種類の苦が見えてきます。世にあるすべての現象は無常なので苦です（諸行無常、一切行苦）。これは当たり前のことです。驚く必要はありません。それに対して何かをすることもできません。しかし、世にある現象に私たちは「私」「私のもの」という気持ちを抱くのです。生命の問題は、自分でないもの、自分のものにならないものを「自分だ」「自分のものだ」として感情を引き起こすことにあります。執着というのはこのことです。無常たる現象に執着することは不可能であると理解していないのです。

お釈迦様が生命の真理として語られているのは、生命が世にある現象に執着することです。五蘊は苦です。それは気にする必要はありません。しかし、五取蘊は限りなく悩み苦しみを引き起こすのです。これは大きな問題です。執着さえ捨てれば、心は安穏に達します。

髪の毛は無常で苦です。気にする必要はありません。悩むのは「私の髪の毛」が薄くなっていくときです。目が無常で衰えます。しかし、「私の目」が衰えることが精神的な悩みの種になります。皮膚という組織のつやがなくなります。シワが出ます。それが「私の皮膚」になると心は悩んだり心配したり怯えたりするのです。

「私」「自分」という執着が苦しみを作る

カバンは、ただ「カバン」だったら苦しみではありません。「私のカバン」と言ったところで苦しみです。私のカバンとなれば、ほかの人が持っていったら、「何やってるの！」と怒ることになります。私のカバンでなければ、誰かが持っていっても、全然気にもしないでしょう。だから「私の」というのは、執着です。もしもそのカバンが壊れていると、「ああ、嫌だな、壊れちゃったな」などと苦しみが生まれます。安物のカバンと革のブランド品を比べたら、「ああ、これよりはあれのほうがいいな」と思ったりもします。それも「私のカバン」という執着から生まれます。

身体に対しても同じことです。「私の身体」と言ってしまうと、苦しみが生まれます。ただ「身体」と言う分には、苦しみは生まれません。カバンと同じ、ただの身体だったたら「これが壊れても、私には関係ないわ」ということで、苦しみは生まれません。

たとえば、アメリカがシリアかどこかを爆撃していたら、皆さん、怖いですか？　全然怖くないでしょう。関係ないですからね。でも、日本政府が「アメリカのやり方を完璧に応援する」なんて言ったら、やはり怖くなるでしょう。人殺しの応援をするということですから、「ああこれは怖い、やばいな。我々もテロリストの標的になるかもしれません」などと、とたんに怖くなります。実際、リアルタイムに視聴者のコメントがテロップで流れるＮＨＫの番組で見たことがあります。アメリカの爆撃、いわゆる人権侵害行動に日本が加担するなら、というテーマに対しては、一斉に「それは怖いことだ」というようなコメントが出てきました。関係があるので、恐怖感も出てくるのです。

お釈迦様はそのようなことを、五取蘊と説かれました。

第6章……苦（dukkha）を乗り越える

四聖諦を体験しよう

世の中で哲学というものがあるとするならば、本物の哲学ならば、それは、苦に関わる哲学でなければいけません。世の中で真理といえば、これまで説明してきた苦こそが真理なのです。世の中で宗教というものがあるならば、この苦に対してどうすればいいかを教えることが宗教なのです。

仏教は、四聖諦の後半二つで、苦をなくすということ、苦をなくすための道を説いています。苦に対する回答をきちんと発表しているのです。ですから、仏教が宗教ならば、世の中の宗教は宗教ではないのです。

お釈迦様は、「生きることは苦である」という真理を語っただけではありません。解決策もおっしゃっています。それは俗世間の方々が苦に対応しているレベルのことではありません。もっとすごく高度なことをやらなくてはいけないのです。

仏教を理解したいと思うならば、四聖諦を理解することです。苦がわかる人は、仏教がわかります。

お釈迦様はこうおっしゃいます。正しい出家とは、四聖諦を智慧で覚えることを目指すことです（Sabbe《サッベー》 te《テー》 catunnaṃ《チャトゥンナン》 saccānaṃ《サッチャーナン》 abhisamāya《アビサマーヤ》）。

ここでいう出家とは、「宗教家になること」という意味です。西洋はともかく、インド文化では、宗教に入る人は誰だって出家です。しかし、本物の出家とは、四聖諦を理解する目的で出家することである、とお釈迦様はおっしゃいます。神と一体になる、神我一如を経験する目的で出家するのは、正しい出家ではないのだ、と。出家して何か宗教的な体験をして、何か結果を得たというならば、それは四聖諦を体験することだとおっしゃるのです。

誰かが「私は覚りを開いた」「私に智慧が現れた」「私は解脱に達した」「生きる目的に達した」「もうこれ以上やることはない」「もう完全になりました」「完成に達しました」と言うならば、その方々は四聖諦を覚っていなくてはいけないのです。

苦（dukkha）を考えましょう

お釈迦様は、あれこれ考えることは何にしても無駄だとおっしゃいます。たとえば、数学の問題を解く場合は、ものすごく論理的に考えるでしょう。あれも思考ですね。そのような思考は、なんの意味もないと言うのです。思考するのなら、苦（dukkha）について考えてください、とおっしゃいます。

数学、科学、医学的な思考、経済学的な思考など、世の中には、いっぱい思考があります。そのようなものでは、なんのやすらぎも得られません。一時的なちっぽけな楽しみは生まれます。経済学を学んだら、それで仕事ができますから、いくらか食べてもいられます。しかし、「意味がない」と言うのです。世の中で我々がやっている思考は無意味で無駄で、心やすらかに安穏に達するためには意味がありません、ということです。だから、論理的に四聖諦について考えてください、とおっしゃるのです。

科学者や数学者の思考ではなく、ただの思想家という存在もありますね。お釈迦様は、思想家たちのことを「あんなのは無駄です。思想家になりたければ、四聖諦についての思想家になってくださいよ」と言っているのです。

あるいは、世の中で議論する人々がいますね。弁証法とかいろいろ議論の形式もあります。対話、議論する技術を学んで、くだらないことを議論します。お釈迦様は「それもやめましょう」と比丘たちに言うのです。「四聖諦について、苦（dukkha）とは何ぞや、なぜ苦（dukkha）が生まれるのか、そういうことを考えて議論したり話し合ったりしてください」とおっしゃいます。

苦の原因は無明と渇愛

では、四聖諦の理解とは何でしょう。苦を理解し、生命の本質を理解し、すっかり苦を滅した状態を目指して進むことです。仏教しか、それを説いていませんから、仏道を歩むこととなります。

苦の本質を理解し、苦の原因を探ると、その原因は無明と渇愛だということがわかります。つまり、苦のなくし方とは、無明と渇愛をなくすことなのです。覚り・解脱とは四聖諦を覚ることなのです。四聖諦が唯一真理であると各自で経験することです。

五蘊の説明で、「五蘊は苦ですが、世の中にある自然な現象なので気にする必要はない」と書きました。「問題は五蘊に執着することである」と、詳しく説明したはずです。五蘊とは自分の命のことです。「命に対する執着を捨てましょう」と言っても、それはそれほど簡単にできることではないと皆、思ってしまうでしょう。すべての生命は生きていきたいという衝動があって、衝動に押されて生きることに必死です。死ぬことは大嫌いです。人が持っている知識も能力も、すべて「いかに生きるべきか」という一つのテーマに集中しているのです。それ以外の知識も能力もありません。そのような状態でいる人に、「生き続けたいという気持ちを捨てなさい」と言っても、何を言われているのか、理解できません。危険なことを言われているように誤解してしまうのです。

「命に対する執着を捨てなさい」と言われたときのその反応は、おかしなことではなくて普通です。生命に関わる真理は苦であるとわかっていないので当然です。ですから、苦しみを乗り越えたいと思うならば、四聖諦を理解し、覚ることが唯一の道です。そこで何も五蘊を捨てるわけではありません。五蘊を捨てるとは、自殺です。そうではなくて、五蘊に対する執着を捨てるのです。

カバンを捨てるのではなく、カバンに対する愛着を捨てるのです。カバンは一つの品物であると客観的に知ることができれば、カバンに対する正しい対応の仕方も自然に見えてきます。わが子を捨てるのではなく、わが子に対する愛着を捨てるのです。それができれば自分が産んだ子どもをどのように育てて一人前にするのかという、正しい方法が見えてくるのです。

「私の子だ」という愛着があると、子どもが自分の欲望を叶えてくれる品物になってしまいます。子どもとは一人前の独立した生命であって、誰かの所有物ではありません。執着を捨てることほど人間が幸福になる道はないのです。執着という衝動で生きているから、世の中に悩み、苦しみ、トラブルなどしか生まれないのです。いくら努力しても、すべて失敗で終わるのです。犯人は人間の心にある執着です。

四聖諦の説明の中で、苦しみの原因は渇愛であると説かれています。「①肉体に対する愛着」「②生き続けることに対する愛着」「③気に入らないものをすべてなくしてしまいたいという愛着」という三種類です。「生きることは苦である」と誰もわかっていませんから、これは自然に理解できるものではありません。心は生き続けなさいという指令で洗脳され、生きるとはどのような機能だろうと客観的に研究するつもりなどまったくない。そういう、皆が備えている精神状態のことを無明といいます。解脱に達して一切の苦しみを乗り越えたいと思う人は、渇愛と無明を心から根絶しなくてはいけません。

正しいサマーディを

無明と渇愛を根絶する方法は、聖八支道といいます。一般的に八正道として知られている方法です。中道ともいいます。①ものごとを客観的に理解しようとするという正見。②思考が感情で汚れないように気をつけるという正思惟《しょうしゆい》。③偽りのない、他を欺《あざむ》かない、調和を壊さない、役に立つ言葉を語るという正語。④行為する場合は殺生・偸盗《ちゅうとう》・邪淫を犯さないという正業。⑤仕事をする場合でも殺生など四つの悪を犯さないという正命。

⑥悪を犯さないことと、善に達することに励むという正精進。⑦過去と将来に心がさまようことをやめて、今の瞬間に集中する訓練をするという正念。⑧一切の現象は瞬間瞬間、変化生滅していくのだという事実を発見できるように集中力を育てるという正定《しょうじょう》。この八項目です。

正しく精神を統一して、過去・将来ではなく、現在の現実のみを観察すると、一切は無常であると発見するのです。その発見は、八正道の一番目の正見になります。仏教では、智慧が現れることを目指して精神統一を行います。智慧が現れそうもない、さまざまな宗教的な観念に集中して、たとえサマーディ状態に達しても、それは正定ではないのです。

他宗教でも瞑想を推薦しています。それらの瞑想は、サマーディを作る目的で行われます。精神統一した状態に達すれば成功です。何かの概念に徹底的に集中すると、サマーディ状態が現れるのです。光、マンダラ、梵語の阿字などを見続けると、心の混乱した状態がなくなって、サマーディが現れます。神、魂、チャクラなどの概念に集中することでも、オームなどの短い呪文を唱えることでも、サマーディが現れます。しかし、このようなサマーディでは、現実をありのままに発見するという努力は一切ありません。悪く言えば、脳に異常現象を引き起こしているのです。「脳の異常現象だ」と否定的な言葉を使いましたが、サマーディ経験がある人の心は落ち着いています。俗世間的な情報に乱されないでいることも、サマーディの力が心の中にある限りできるのです。しかし、統一した経験を味わった人は、サマーディに徹底的に執着してしまいます。それに執着することは人間にとって苦しみの原因であると、お釈迦様が説かれます。無常たる現象から、他宗教で推薦しているサマーディは、正定ではないのです。ありのままの真理を発見できて、一切の現象は無常・苦・無我であるという事実を覚ることのできる集中力が、正定です。精神統一（定）が正定になるためには、定により智慧が現れなければいけません。正見と正定がペアにならなければいけないのです。

覚っても苦はある

以前、苦についての勉強会で「覚っても苦はあるのでしょうか？」と質問されました。答えは「はい」です。生きている以上は、苦は消えません。なぜなら、生きるために感覚は必要でしょう。ですから最終的な覚りの境地では感覚の流れさえもストップするのです。

覚りの境地については、語れません。言語はないのです。概念はないのです。苦がなくなった状態というのは、仏教用語でいえば解脱です。苦しみを脱出する。いわゆる命を脱出する。生きることを脱出する。そのような意味で、「解脱」というのです。「こればっかりは今のままの我々の脳では理解できないのだよ。だから執着を捨てる訓練をしてください。執着を捨てることができたところでわかりますよ」と、お釈迦様はおっしゃっています。

お釈迦様は生きていらっしゃるとき、とても穏やかでした。いろいろ旅をしている途中、お釈迦様にもいろいろなことが起こり、肉体が苦しいこともありましたが、いつでも「別にまあ、そんなものでしょう」という感じで、心は揺らぎませんでした。

いいエピソードがあります。ある人が、「私には妻子がいて、家の扉、窓などはぜんぶしっかり閉じてあって、家にごはんも炊いてあって、牛はぜんぶ牛小屋に入れて縛ってあって、大丈夫です。安心です。雨が降っても大丈夫」と言いました。それに対してお釈迦様は、「私には妻子もないし、誰もごはんを作って待っているわけでもないし、閉める窓もないし、飼ってる牛もいないし、何もない。ですから雨が降っても大丈夫です」と言うのです。

ここで言う「雨」とは、世の中で遭遇するさまざまな想定外なもののたとえです。「自分の日常生活は安定しているから、想定外のことが起きたって大丈夫だ」と言っても、そこでどかんと雨が降ればすごく怖くなります。「いくら牛小屋に牛を入れても自分の家に雷が落ちたらどうなる?」と考えたらその人は怯えてしまって「さすが仙人の言葉、正しい。何もない人が穏やかでしょうね」ということで経典が終了します。

覚りに達しても身体の苦しみはあるのです。あるけれども、心はいつだって安穏。想定外のものに揺らぎません。お釈迦様は実際、「私はこれから三カ月後に死にます」と、突然堂々と自分の死を発表したほどです。

心の苦と身体の苦

生き物である以上、肉体の苦から逃れることはできません。しかし、覚りにもし近づくことができれば、心の苦しみからは解放されます。肉体の苦しみは死んだら終わりです。次にいただく肉体に別な苦しみが入っています。ですから肉体の苦しみ、病気などは、そんなに気にすることはないのです。

ある年寄りのエピソードもあります。本人は、自分がお釈迦様の友達だと思っていました。あるとき、お釈迦様に会いに来たのです。お釈迦様は、会うなり「顔色が悪いですね。体調が悪いでしょう」と言ったのです。するとその年寄りは、「何をおっしゃるんですか。私はものすごく病気で死ぬと思うほどだったから、お釈迦様にも会うことはできなかったけれど、今、やっと立ち上がれるようになって、歩けるようにもなったので、尊師に会いに来たのです」と答えます。するとお釈迦様は、「そうだよ。身体はいつだって病気になります。しかし、心は病気にならないように気をつけてください」とおっしゃいました。お釈迦様にそのように言われて、その人は嬉しくて舞い上がって、その一言で病気が治ったのです。ものすごく明るい顔で帰ることになったのです。

帰るときに、サーリプッタ尊者が呼び止めます。来たときはなんだかすごく落ち込んで、今にも死にそうな状態だったけれど、帰るときはいやに元気だったので「なんだってあなた、そんなに明るいんですか？」と尋ねます。すると年寄りは「私は尊師から言葉をいただいて、それで元気になりました」と答えます。お釈迦様がおっしゃった言葉を聞いたサーリプッタ尊者は、再び質問しました。「あなたはお釈迦様に、身体は病気になっても、心は病気にならぬようにと教えていただいたのだけど、それはどういう意味か、ちゃんと聞いたのですか」と。するとその年寄りは「いえ、聞いていません」と言うので、「それじゃだめでしょう」とサーリプッタ尊者が注意するのですが、この人は負けず嫌いで「いえ、だめじゃない。それはサーリプッタ尊者の仕事です。だから、教えてください。このお釈迦様の言葉の意味を」と、見事に切り返します。サーリプッタ尊者は、「わかりました。座ってください」と言って、その人に「心を健康に保つ方法はこういう方法である」と、ずーっと教えてあげるのです。その人は喜んで帰りました。

病気のおかげで生きている

私たち仏教がいうのは、心の健康です。肉体は健康にならないのです。肉体は病気でないと生きていられません。仏教ではくしゃみも病気とします。空腹感も、尿意も病気です。なぜ仏教はそれらを病気だと定義するかというと、手当てをしなかったら死ぬからです。手当てをしないと死ぬものはすべて病気です。医学でいう病気とは違います。仏教のいう病気は、とても幅が広いのです。

尿がたまっても出さないでいたら死にますね。おなかがすいてもごはんを食べなかったら死にます。ですから、おなかがすくことまで、仏教では病気です。これは治せるでしょうか？　治せません。つまり、病気だから生きているのです。病気のおかげで生きているのです。

みんな、身体の病気を治そうと無駄なことをやっていますが、仏教は心が健康であることを重視します。怒り・嫉妬・憎しみ、それは病気です。落ち込むことなく、揺らぐことなく、安穏でニコニコとしていることが心の健康なのです。それが仏教で推薦することです。執着を捨てることです。

レンタルという話で説明しましたね。「私の身体」と言ったところで法則違反。「私の身体」ではなくて借り物です。もし「私の足」だったら、ちょっとしたことで骨が折れたりしないはずですね。でも、足は私の勝手では動きません。足には足の法則、肉体には肉体の法則があって、私の希望でどうにかなるものではないのです。だから借り物。そういうふうに考えて、執着を捨てて生きるのです。執着を捨てると解脱の境地に近寄っていきます。すごく楽になります。

子育てにしても、みんな失敗するのは執着があり過ぎるからです。「子どもは私とは別な人間です。私は預かっているのです」という感じでいいでしょう。人間様ですからね、けっこう気をつけて、ていねいに面倒を見なくてはいけません。悪いことをしてしつけるときでも、「別の人間である。私のものでない」と思えれば、けっこううまく教えることができます。別の人間として、「ああ、この子は頭が良さそうだな」「この子はこちらに能力がありそうだな」などと、よく見えてきます。それがわかれば、いとも簡単に導けるでしょう。親子の対立は起きません。

親子の対立は、親が子を所有物だと思った瞬間に起こります。いくつになっても子どもは親とは親しくしたいものです。私の親はもう生きていませんが、生きていたら、今でもかわいがってほしいです。しかし、親があしなさい、こうしなさいと命令すると、腹が立つものです。「私のことは、私の勝手にやります」という気になります。だからといって、怒られたくはないのです。そのあたりは、無執着の世界ならうまくいきます。できるだけ執着少なく生きると、生きる苦しみはかなり減ります。

執着を捨てることの正しい理解

「執着を捨てる」ということを、みんなよく誤解します。家族に対する執着を捨てるとは、家族を捨てることではありません。執着を捨てるのであって、家族を捨てるわけではないのです。子どもを例にするとわかりやすいでしょう。「自分の赤ちゃんに対して、執着を捨てなさい。しかし、赤ちゃんは捨てるなよ」ということです。自分が子どもを産んだら、当然のこととして子どもを育てます。「私は執着を捨てるんだから子どもを捨てます」ということにはなりませんね。

誰にだってそれぞれの家族がいて、やはりそれぞれの苦しみがあります。まったく同じではないかもしれませんが、けっこう似たような苦しみを抱えるものです。家族は大切です。なんといっても家族の中で生きていくのですから。家族は自分を守ってくれるし、自分のことを心配してくれるし、何かあったら家族が助けてくれます。赤の他人は何もやってくれませんからね。生きている上で、私たちにとっては自分が生きている家族が、とても大事な存在です。

問題は執着なのです。家族に対する執着とは、自分のわがままで、エゴで、家族を家畜動物みたいな感じで見ているという問題です。家族を好き勝手にできると思うなんて、とんでもない道徳違反でしょう。大切な家族なのに、ちっとも大切に扱っていないでしょう。

「私がこれをやりたいのに、お母さん、何言ってるの?」「お父さん、私はこれを買いたいんだから金くれよ」。そういう態度だったら問題でしょう。そうではなくて、家族を大事にすべきです。家族一人ひとりが独立した存在なのです。その一人ひとりに自分だけの世界があるのです。それぞれ自分だけの見方があるのです。これは変えられません。

執着を捨てた家族の見方とは

たとえば、あなたのお母さんが家族を見ていますね。それをあなたの目で同じように見ることは、絶対無理です。お母さんは、母というメガネで家族をぜんぶ見ているのです。たとえばあなたが娘だとして、娘の目で家族を見て「気に入らない」と思ったとしても、いくらがんばっても、母の立場から自分の兄弟や家族を見ることは不可能なのです。それぞれの人に自分の世界観、家族観があって、それは変わりません。

たとえば、あなたにお兄さんがいて、いつでもあなたをいじったりからかったりしているなら、基本的にそれは治らないのです。お兄さんの家族観からすれば、「妹というのは、いじめやすい」と思っているのです。この基本スタンスというのは、何かきっかけでもなければ変わりません。

きっかけというのは、家族の中で何かうまくいかないことが起こったときなどです。たとえば、母親が自分の立場でものごとを見るとどうもうまくいかないので、娘や息子の立場から見ようと思ったとします。すると「ああ、あの子も今、とても余裕がなくなっているのね。じゃあ、そこらへんはこちらが何とかしてあげよう」という気持ちになったりすることもあります。ですから、変わらないわけではないのですが、基本的に家族というのは、自分の立場から、家族を見ます。会社とは違うのです。

会社では、部署や肩書が変わったら見方も変えるでしょう。部下だった自分が昇格して課長になったら、課長の目で部下を見るようになります。しかし、家族でそれはあり得ないでしょう。お姉ちゃんはずーっと死ぬまでお姉ちゃんです。お母さんは寝たきりになっても、認知症になってもお母さんです。

私たち仏教徒は、それぞれの人のことを心配します。大事にして幸せに生きていってほしいと思います。自分が余計なこと、自我を張って、あれやこれやとわがままを言い張って、迷惑をかけないようにします。もし、何か必要なことがあったら、「これをお願いします」と、にこやかに、穏やかにお願いしたりして、それぞれの皆様の幸福を願って生きるのです。そのように家族に対しても生きてほしいのです。それが執着を捨てるということです。

「私の言う通りにやってくれ」などという要求はしません。我を張らずに「こうだったらいいと思いますが、どうでしょうか?」と提案型で言うなどします。相手がお母さんであっても、何か要求したければ、「私は実はこう考えていて、お母さんがこれをやってくれればいいと思いますが、どうですか?」というふうに聞いたり。家族であっても、相手に判断する権利を与えるのです。そうすると、どのようにすればあなたが幸せなのか、ものの見事にお母さんは考えるのです。そのようになる言い方とアプローチは、執着があるとできません。子育ても同じことです。子どもに執着を持つと、うまく子育てできないことについては、すでに言いました。

執着を捨てる＝アプローチを変える

執着を捨てるということは、我々の心のアプローチを変えることです。執着を捨てるといっても、何かものを捨てることではないのです。なぜならば、捨てるもなにも、はじめから持っていないのですから。自分が産んだ子どもであっても自分の子どもではありません。身体も私の身体ではありません。身体には身体の法則があります。私にできることは、身体の法則を理解して、じゃまをしないことだけです。身体に迷惑をかけない。それが、身体に対する親切です。家族に対しても同じことです。

「私のもの」というのは最初からないのです。私の家族とか、私の子どもさえもいないのです。執着を捨てるとは、我々の見方を変えることなのです。

子どもが大切、家族が大切などという、大切だと思う心自体は、客観的なことで執着ではありません。自分の友達は大切でしょう。生きる上で欠かせないものなのです。ごはんを食べているでしょう。大切なことです。執着があろうがなかろうが、ごはんは食べなくてはいけません。だから大切と思うことは執着ではありません。ただ、ふだんはそこに執着も入っています。感染しているようなものです。その感染している汚染物質だけ、取り除いてほしいのです。

「大切に思うなんてどうでもいい」ということではありません。「お母さんが死んじゃっても知るもんか」などというのは失礼でとんでもない態度です。仏教は、修行して覚りに達しても、親が困っていると思ったら、ちゃんと面倒を見てあげるのです。出家で究極に覚ったら、何に対しても一切執着はありません。それでも親が年を取って息子に会いたいと思ったら、さっと行くのです。行って、親孝行します。阿羅漢でもそうするのです。

執着を捨てるということは乱暴な人間になることではなく、ものすごくやさしい人間になることです。それぞれの生命の尊厳を認める人になることなのです。執着を捨てた世界というのは、すごくやさしいのです。兄弟には兄弟の立場がある。それを私は認めてあげます、守ってあげます、という、究極のやさしさなのです。

「執着を捨てる」の真意とは

あるエピソードがあります。お釈迦様の時代、あるお坊さんが托鉢の後、すーっと自分の家に行き、もらったごはんの半分をお母さんにあげて帰ってくる、ということをしていました。出家したら、お坊さんたちは家族とは関係を持ってはいけない決まりです。毎日、そうやって自分の家に行っていたので、周囲から「あの坊主は何をやってるんだ」「何のための出家だ」とすごく非難されることになりました。あるお坊さんは、お釈迦様にこのことを報告しました。仏教は秘密のない世界ですから、お釈迦様は非難された人を呼んで、みんなの前で、「あなたについて『執着を捨てていなくて、家に毎日行っている』と、みんな言っています。どういうことですか？」と聞きます。すると比丘は「お釈迦様、私のお母さんは目が見えないのです。家にはお母さんしかいません。私は一人息子で出家したのです。お母さんが飢え死にするはめになります。だから、私は毎日お母さんの分も托鉢をしてお母さんに食事をあげています」と言いました。するとお釈迦様は、「すばらしい。この比丘はすばらしい」とおっしゃいました。それで終わりです。

そのお坊さんに執着があったわけではないのです。すばらしく、自分のやるべきことをやっただけ。お釈迦様ご自身も、自分のお母さんのことを出家後も心配しました。生みのお母さんはすぐ亡くなられましたが、育てのお母さんのことを、お釈迦様はすごく面倒を見てあげていました。その育てのお母さんが出家したいと言ったときには「やめなさい。息子として断ります。出家しなくても、あなたは修行できるでしょう」とおっしゃいました。女性が家もなくインドで生活することは、想像を絶することだったからです。出家は厳しい世界。森の中で寝るはめにもなります。ましてやお妃です。しかし、お母さんもがんこで、結局は出家を認めるはめになりました。お釈迦様はあまりいい気はしませんでした。

女性が野宿などをするというのは大変なことです。私はホームレスの方々を見るときに、そんなに「悲しい」と思うことはないのですが、時々、女性のホームレスを見ると、やはりいい気はしません。女性は毎日、身体を洗ったり、お風呂に入ったりしないと、ものすごく気分が悪くなるし、身体が弱くて、簡単に病気になります。

ともかく、お釈迦様もお母さんの心配をちゃんとしました。お父さんのこともちゃんと心配しました。でも、ブッダなのです。皆様にも、すっかり同じような真似はできないかもしれませんが、執着をできる範囲で捨てましょうと、勧めます。執着を捨てるとは、その人の尊厳を認めることです。その人にその人の生き方がある、その人の価値観のセットがある。そこは壊せない。間違ったことは家族だから教えてあげる。大切な家族ですからね。「お姉ちゃん、そんなことをやったら、とんでもないことになりますよ、やめなさい」と言ってもかまいません。「まあ、お姉ちゃんはお姉ちゃんだ、こんなもんだ、こいつは」というやさしい認める気持ちがあれば、うまくいきます。

本当にやさしい人間になる

執着を捨てるとは、限りなくやさしい人間になることなのです。やさしいというのは、誰でもなんでもかんでも面倒を見る人間だということではありません。それは勘違いで、やさしいとは、尊厳を認めることです。なんでもかんでもやってあげる必要はないのです。独立しているのだから、自分のことは自分でやらないといけません。できない場合はみんなに、「助けてください」とお願いします。誰にだって自分一人でやる分があり、人から協力してもらう分があります。やさしいというのは、なんでもやってあげることではないのです。

「自分でやりなさい」と言うのもやさしさです。子どもに、「お風呂からあがったら自分で身体をふきなさい。自分で着がえなさい」と言うのはやさしさです。「パンツがなければ自分で取りにいきなさい」。それもやさしさです。できない年齢のうちはやってあげますよ。しかし、できる年齢なのに「はいはい、パンツをはきましょう」などと、いつまでも過度に面倒を見るのはやさしさではなく恐ろしさです。

本当にやさしい人間になるということは、執着を捨てることです。他者の尊厳を認めることです。

苦がなくなった状態

究極的に執着をなくすこと、それは渇愛がなくなることです。まさに正しく苦がなくなった状態になります。仏教で「涅槃（ニルヴァーナ）」と呼ぶ境地です。

渇愛がなくなると、苦がなくなると、どのような状態になるでしょうか？　大いなるやすらぎを得ます。しかしそのやすらぎは存在の中にあるものでも、存在の一部でもありません。存在は苦ですから、存在の中に、苦がなくなった境地はないのです。まさに言葉で語れない、人間の知ることができる範囲を超えた境地なのです。

輪廻転生は苦の真理

私たちはいつでも存在の次元を乗り越えられず、物質中心にものごとを考えています。存在の次元、苦のある境地とは、輪廻転生の世界です。

私たちはいつでも物質中心で、輪廻転生のことが理解できません。それが我々の知識のハンディキャップです。心が体感しているにもかかわらず、物質しか理解できないのです。心が、絶えず次から次へと、止まることなく回転することを体感しているのに、肉体のことを考えるのです。

たとえば、私が死んだらどうなるんだろう、何か秘密の品がなければ輪廻転生できないのではないか、などとすごく勘違いしています。どうして輪廻転生するのか、よく聞かれますが、輪廻転生に必要なものは何もありません。ただ、感覚が変化するだけです。

たとえば、ずっと同じ姿勢でいたら、苦しくなる。そこで、感覚を変化させる。それは前の感覚からつながって、新しい感覚が生まれたということでしょう。前と今の感覚はすごく違う。そういうふうに苦が連鎖することを、仏教では輪廻というのです。「生まれ変われるならば、ラッキーだ。今世でできなかったことは、来世でできるのだ」と調子に乗るような話ではけっしてないのです。輪廻転生とは苦の転生なのです。今世で失敗した人、今世でやりたいことをできなかった人は、再び生まれ変わっても、同じパターンになります。新しい生まれですべて最初からスタートしなくてはいけないのです。その際、過去世があったことすら知りません。

今世の人生が終わるとき、人は「もうこりごり」といった状態なのです。「はい、では死んでからもう一回、ゼロから始めなさい」と言われただけでも、ゾーッとするはずです。仏教では輪廻転生は生命にとって最大の苦であると説かれています。

また、輪廻転生は客観的な事実です。エネルギーがあとかたもなく消えることはあり得ないのです。エネルギーというのは常に変化するものです。常に別なエネルギーに変わっていきます。転生とは物質の転生ではなく、物質を支配する精神エネルギーの流転を意味しているのです。

智慧のある人は輪廻を脱出します。真剣でない仏教徒たちは、徳を積んで来世により良い幸福な次元に生まれ変わることを期待します。良い来世を目指して悪行為をやめて善行為をする人生は、ブッダの教えを純粋に守る人生とはいえません。輪廻を脱出することを目指して精進する人が敬虔な仏教徒です。

すべてのものごとは因縁

ブッダの教えは、どんな世界の哲学にも対立的に反対するものではありません。しかし、運命論には真っ向から反対するのです。運命論は、パーリ語では ahetu《アヘートゥ》 appaccaya《アッパッチャヤ》 vāda《ワーダ》といいます。「ものごとは何の原因もなく起こる。すべてのものごとの流れは前もって決まっていて、定まっている。誰にもその流れを変えることはできない」という教えです。この教えは極端な邪見であるとお釈迦様は否定なさいます。

仏教は hetupaccaya《ヘートゥパッチャヤ》 vāda《ワーダ》といいます。すべてのものごとは原因があって、生じるのです。その原因がなくなったら、消えるのです。「仏教とは因縁の教えである」というのもこの意味です。因縁がなかったら、何一つ現れません。また、何か現れたからといって、因縁なしにそのままあり続けることはできないのです。因縁が変わったら、現象は消えてしまいます。何かの現象が現れるためには、原因と条件が必要です。たとえば、種から芽が出るためには、土、水、光が必要です。原因になります。しかし、土、水、光がどの程度あれば芽が出るのかという条件もあります。土、水、光があっただけで種から芽が出るわけではありません。Hetupaccaya vāda（hetu 原因、paccaya 条件）とは、原因と条件（因縁）を説く教えです。

土、水、光があったら、種から芽が出ることは定まっているのではないかと思えるかもしれませんが、それが誤解です。カボチャの種からブドウの芽が出ないのは当たり前ですから、このような屁理屈が生じるかもしれません。しかし、原因と条件をよく理解して、ていねいに原因と条件を変えることで、結果を変えることが人間にはできます。トマトは本来、すっぱい野菜です。しかし、土、水、光の条件を微妙に変えることで糖度の高い甘いトマトを作ることができます。ようするに、結果を変えられますが、それはいい加減に、好き勝手にできることではない、ということです。結果を変えるには変えるだけの因縁が必要なのです。生命は輪廻転生することが当たり前の流れです。しかし、輪廻転生の因縁をよく理解して、微妙にその因縁を変えることで、輪廻転生を司る渇愛と無明を断ち切って、輪廻転生を脱出することもできるのです。

結果を左右する原因と条件とは

原因と条件の関係を理解していただくために仏典にあるエピソードを一つ紹介します。どちらものすごいお金持ちの家の一人娘と一人息子が結婚しました。金貨だけでも八十億という、とてつもない大金持ちです。親は「この財産はいくら使っても使いきれない」と思い、子どもに教育を受けさせませんでした。必要ないと思ったのですね。しかし、そんな両家の子息と令嬢が結婚して、若いうちに全財産を使い果たし、教育がないので何も職に就けなくてホームレスになってしまったのです。乞食となって祇園精舎に来て、お坊さんたちの托鉢の残り一杯をもらう生活を送っていました。

お釈迦様はアーナンダ尊者に「アーナンダ、あなた、この二人を知っていますか？」と聞きます。「いいえ、知りません」という答えだったので、「何々家の息子と何々家の娘ですよ」と教えます。もちろんアーナンダ尊者は両家の子息・令嬢のことは知っていたのですが、それがわからないぐらいに容貌が変わっているのです。「若いときに出家したなら、覚れる可能性がありましたよ」と、お釈迦様は言いました。この場合の覚りは阿羅漢ではなく、いわゆる預流果です。また、「正しく家の運営をしたならば、まあ億万長者でいられたでしょう。両方とも、なくなったんだよ」と言いました。これはつまり、「条件がそろっていたならば」ということです。条件が変わったところで、結果も変わったということです。

お金があっただけでは幸せになりません。親の財産を相続しても、それを維持管理する知識能力が必要です。この二人には、親から受け継いだ財産がありました。それは豊かになる原因がそろったということです。しかし、計算もできないどころか、文字一つも読めなかったのです。財産の管理能力がなかったのです。莫大な財産は皆に狙われる対象でもあります。周りにいる人々に二〜三年も経たないうちにすべての財産を奪われることになったのです。

何一つできない人は、命をつなげるために乞食をやるしかありません。若いときに仏教を学んだり出家したりすることで、二人は知識・智慧の社会に入ることもできました。全財産を失っても、そこで智慧を育てて解脱に達する可能性だけは残されていたのです。しかし、「人生を失敗した、もうやれることは何もない」と最大の絶望感に陥ると、脳が壊れてしまうのです。すると、修行して覚る可能性も失ってしまいます。人間は皆、健康な大脳を持って生まれます。だからといってみんな理性のある人間として成長するわけではありません。条件によって脳が壊れてしまう可能性も大いにあるのです。このエピソードは、原因と条件の関係を教えているのです。

いつだって可能性はある

お釈迦様は、「邪見を持っている人は地獄に落ちる」と言いますが、しかし、「邪見を持っている人が、そのまま邪見を持ったままで死んだならば」という条件でそれを説かれるのです。たとえば六十歳の人が邪見にしがみついている。そして、死ぬのが七十歳だとしましょう。そのあいだ、いろいろな話を聞いて、いろいろな議論をして、いろいろなけんかをしたりするうちに邪見が変わってしまう可能性はあります。「だから運命というのは、絶対にあり得ない。因縁でものごとは変わる」と、お釈迦様は言うのです。俗世間で生きる我々からすれば、「お釈迦様はそう言うけれど、なんだか決まっている気がする」という錯覚は起こります。でもそれは、正しくないのです。

修行(波羅密:pāramitā《パーラミター》)を積んで積んで完成に近づくと、最後の生まれというものがあるのです。徳が完了したら、次の結果を出さなくてはいけません。徳が完了した結果は、覚ることです。阿羅漢として覚るかブッダになって覚るか、その道は違いますが、どちらでも覚りは同じです。

たとえば誰かが、必要なpāramitāを完成して覚り、「今度は終了します」という気持ちで人間界で生まれ変わったとします。するとその人は、その生で必ず阿羅漢になります。阿羅漢にならない限りは死にません。それだけは決まるのです。しかし、ほかはもう、すべて不確定です。運命論にはなりません。

皆さんについても九十九パーセントの確率で「がんばれば覚れますよ」と保証するこ

とができます。しかし、決定はできません。どこで気持ちが変わるかわからないし、修行法を教えても、そのまま真面目にやるかわからないし、気持ちが変わることはいくらでもあり得ます。しかし、私のようなものにも、才能があるかないか、チェックをすることはできます。才能がある人には「ああ、あなたならできそうだ」と言います。「できそう」と言うのであって、「できます」とは言いません。「だけど、あなた若いから、やらないでしょうね」というケチもつけます。世の中、そういうものです。

とにかく、マッカリー・ゴーサーラ（Makkhali Gosāla）* の決定論とは正反対の教えがブッダの教えなのです。お釈迦様はおっしゃいます。「すべて運命で定まっているならば、もし私が人を殺したら、それは定まっているのです。私が強盗をやったら、強盗になるように決まっているのです。ほかの道はありません。だからその人を裁くことはできません」と。マッカリー・ゴーサーラは「修行にしたって決まりですよ、運命で決まった回数をやったら終わりますよ」と言います。彼は、人は努力して成長するべきということを否定するのです。非科学的なのです。

我々人間は、大昔に単細胞で現れた原生生物の末裔です。でも我々は、環境に適応したり、競争したり、勝って、勝って、勝ち抜いてきました。それで今の人間というところまできました。今も環境と戦っています。たとえば、私が日本に来たときの日本人の若者の身体と今の日本人の若者の身体は、たった三十年程度ですが、ずいぶん違います。そして今もずーっと変化しつつあるのです。定められているわけでなく、条件によって変化します。

苦(dukkha)をなくすことは、その気になれば今すぐにでもできる、と仏教は教えます。原因が整えば、結果は現れます。つまり、この本で今までさんざん挙げてきた、「生きることは苦である」ということの見方で世の中を見て、それを納得していけばよいのです。

＊釈尊と同時代に活動した沙門宗教家(六師外道)の一人であり、運命論・決定論・絶対的創造神論などを奉じるアージーワカ(アージヴィカ)教団の指導者。

第7章……実践・苦集滅道

苦の見方を身に付けよう

実際に苦をなくすプロセスについて確認していきましょう。

まず、頭の中だけでも、知識として苦（dukkha）を理解し、苦の見方ができるようになりましょう。それができれば、周りの現象を見ても、生きること自体、苦だとわかります。あるいは、生命メカニズム的にいっても、苦だとわかります。私たちは認識機能が苦を感じることで生きている。それが事実です。さらに、無常という真理がありますから、好きなものとは必ず別れなくてはいけませんし、嫌いなものと必ず遭わなくてはいけません。苦からはどうやっても逃げられない。それがわかります。

苦をなくすには、これらのことを頭で理解し、さらに瞑想や呼吸の実験などで、実際の苦を体験します。

その上で、苦を嫌ったり避けるのではなく、苦のおかげで生きられるのだと正しく知ることが大事です。

無明と渇愛をなくせば、苦はなくなります。「今ここ」を生きることで渇愛はなくなります。

このようなことを、この章でおさらいしていきます。

聖なる真理「生きることは苦である」

「生きることは苦である」。これは真理です。それまで誰も発見していなかったそれを、ブッダが初めて発見しました。「人生は苦である。それは聖なる真理である」と説かれます。「あなた方は、それなのにいったい何をやっているのか」と戒めるのです。

ある苦しみを別の苦しみに変えても、同じことでしょう。座って話を聞くのはキツいから、じゃあ、立って聞きましょうといって立つ。立っていても疲れるでしょう。それに、立っていても座っていても、講演会でも、しばらく聞いていたら、苦しくなります。話の内容を理解しようとして苦しくなるのです。

さらに、基本的には瞬間、瞬間、苦しみがあります。私たちの四十兆の細胞は、いつも止まっていません。ぐにゃぐにゃ、ぐにゃぐにゃ動いています。止まったらその細胞は死にます。

楽しいこともある？

「生きることは苦である」とはっきり言うのは、仏教だけです。みんなが言うのは、「そんなことを言っても、殴られたら痛いけど、お祭り騒ぎは楽しいでしょう」「おなかがすいたら苦しいけど、ごはんを食べると楽しいでしょう」という話です。「生きることは苦である」と言うと、みんな困ったことに、そういうことを持ち出します。

私は、いつもこのように反論します。たとえば、あなたの大好物がケーキだとします。とくにモンブラン。そうであれば、あなたにとってモンブランのケーキは、すごくおいしいものだと言えますね。食べると楽しいでしょう。なんとなく気分がいいでしょう。それははっきり言えますね。では、モンブランのケーキを一個、そしてもう一個と食べていって、ずっと食べっぱなしで食べてみてください。どうなるでしょうか？　超気持ち悪くなります。吐きたくなります。

もし、誰かが、たとえば二キログラいモンブランを持ってきて、「あなたの好物でしょ、食べて！」と無理やり、食べるように言ったとします。まあ、十個……、もしかすると二十個ぐらいは食べられますけど、それからはどうでしょう。味はわからなくなる。気持ちが悪くなってきて、吐きたくなります。そういうふうに実験してみると、事実がわかりますよ。「人間には楽しいこともあるんじゃないかと思っていたけれど、やっぱり、楽しいと思ったことでもずーっと続くと、苦しみだ」ということが見えてくるのです。

いつでもメールを送り合ったり、しゃべったり、今はどこにいる、などと連絡を取り合っている恋人同士でも、二十四時間、ずっと一緒にいてみてください。ものすごく嫌になります。なんでもそうです。

ずっとあったら嫌になる

我々の楽しいもの、幸福なものというのは、ずっと続けば嫌になります。なんだって、いつだって、そんなものです。

もし赤ちゃんが生まれたら、お母さんにとって、それほどの幸せはありません。しかし、二十四時間つきっきりで面倒をみていると、ストレスはたまるわ、ヒステリーを起こすわ、大変です。遺伝子のからくりですから、とにかく、お母さんが、がんばってがんばって子どもを育てますが、楽しみよりも苦しみをそうとう感じています。

お父さんは、「ああ、私の子だ。かわいい、かわいい」などと言いますね。お母さんたちにいい方法があります。「では、あなた、一日、子どもの面倒をみてください」とお願いするのです。いきなりそんなことは、とてもじゃないけれどお父さんにはできません。一時間ぐらいは楽しいと思いますが、二時間目になってくると、「うるさいな」とか「なんで言うことを聞かないのか」とか、あれこれ出てきます。しかし、わが子だから別に憎んでいるわけではありません。わが子だから愛情はあるのですが、とにかくイライラしてきます。

たとえば、自分がすごく好きな歌、曲がありますね。何回聞いても大好き、楽しい、と。じゃあ四十回ぐらい繰り返し繰り返し聞いてみてください。嫌になります。ですから、法則は変わりません。いつでも「苦しみをずーっと変えなさい」、それが人生なのです。同じものに変えると、つまり繰り返してしまうとアウトです。

みんな、おにぎりは好きですけど、朝も昼も夜もおにぎりを食べると嫌になります。今日の朝、おにぎりを食べて、昼はラーメンを食べて、夜はごはんを食べて、次の朝は、やっぱりトーストを食べたい、そんな感じです。

苦を変えることを幸せと勘違い

我々は、同じものをずっと続けると苦しくなるので、変えます。そして、この苦しみを変えることで、ある錯覚を引き起こすのです。生きることには幸せ・幸福があり、生きることが貴いものであると勘違いします。

錯覚ですから、証拠はありません。日本でよく使う「命は尊いものである」というフレーズがあります。では、ほんのわずかな証拠でもいいです。「命は尊い」という証拠を出してみてください。なぜ、尊いのでしょうか？

証拠はないでしょう。ただの錯覚で、いい加減な妄想を言っているだけです。生きることは苦です。

どちらの苦を選ぶ？

あるとき、「子どもが学校に行かないで問題です」と、お母さんがその子を連れてきたことがあります。子どもがどれほどストレスを受けていたかというと、私のところに来たときには、しゃべることもできなかったほどでした。「名前は?」と聞いたら、お母さんが名前を言います。「今、何歳?」と聞いたら、お母さんが答えます。「お母さん、ちょっと黙っててもらえませんか。私は子どもとしゃべっているんだ」と言って、「あなたが答えてください」と子どもに言うのですが、そして本人が答えようとがんばるのだけど、答えられないでいます。

それでは、質問の仕方を変えようと思い、私は次に、「あなたが学校に行かないのは、学校が苦しかったからでしょ?」と、聞きました。その子は「うん」とだけ答える。「それで、今、家に閉じこもったままでいるでしょ。それも苦しいでしょ?」と聞くと、また「うん」と答える。「うん」以外、言えません。

だから私は真っ先に言いました。「私も学校って、超つまらなくて最悪な場所だと思いますよ。あんなの行くべきところじゃないと思いますよ。だからあなた、学校に行かないのは合っています。嫌なところに行かないだけ。それはオーケー、全然かまいません」と。「でも、家に閉じこもったままで部屋の中にばっかりいて、お母さんがごはんを持ってきたら食べて、またドアを閉めてじーっとしているのは、すごく苦しいでしょ。遊べないし、外に行けないし、友達としゃべれないし、何もできない。これも苦しいでしょ」と聞きました。答えは「うん」。「そうでしょ。自分が家に閉じこもっている。ひきこもりが苦しいから、私のところに来たんだものね」。

私はさらにこう言ったのです。「あのね、あなたには苦しみが二つあります。学校に行って苦しみますか？　家に閉じこもって苦しみますか？　一つ選んでください。どこにも幸せなんかありません」と。

一つの苦を選択する

いくつかの苦しみから一つ選択してくださいというのが、仏教的な正解です。みんな、「学校に行きなさい」と言うでしょう。「勉強しなきゃだめでしょ」「勉強したら役に立つんだから」「いい仕事が見つかります」……。いいえ、そんなのはぜんぶ嘘です。勉強したからって、役に立ちません。勉強したからって、必ずいい仕事が見つかるなんてこともありません。

実際、役に立たないことばかり勉強しているでしょう。どうして周囲の大人たちは嘘をつくのでしょうか？　本当のことを言えばいいのに。「あれも苦しいし、これも苦しい。だから一つ選ばなくちゃいけない。もう逃げられない。生きてるんだから、苦からは逃げられない」と。

その不登校の子に理性が現れたなら、答えは簡単です。いくらなんでも「じゃあ閉じこもることにするぞ」とは決められません。このまま、ずーっと部屋の中にはいられませんからね。だったら、苦しくても学校に行くしかない、というのが結論なのです。そこで行くことに決めたなら、覚悟をして行きますから、忍耐力があります。はじめから「学校に行ったら苦しい」という覚悟があるので、へっちゃらです。

世の宗教が言う嘘

生きることはなんであろうとも、苦なのです。なぜなら、生きるとは感覚の変化だけです。それなのに人間は勘違いして、確かめてみません。ありのままにものごとを見ません。錯覚だらけで生きているのだから、真理はわかりっこないのです。世の中の宗教が、人間は道徳を重んじて生きるべきであると教えているところは問題ないのです。しかし、魂、永遠の命、救い、などの概念は、事実に反している言葉になるのです。「永遠な命」などというと、とても大それたことに聞こえるでしょう。でも、実際はただの錯覚で、たいしたことはありません。「永遠な命がある」だなんて、何を言うのでしょうか？「命を勉強したんですか？」と聞きたくなります。「永遠な天国あり」と言うけれど、どこにあるというのでしょう。永遠な命とは、永遠な苦しみなのです。

人間が絶対的神を作ったでしょう。アッラーやエホバやら梵天やら、いろいろな存在。あの神の話を読んでみると、どの神もとても性格が悪いのです。アッラー神もエホバ神も、すごい嫉妬・怒りの神です。我々より性格が悪いのです。私たちは、悪いことをした人を許してあげるでしょう。でも、神は許しません。

私たちは、けっこう、人のあやまちは許せます。でも、神は「私こそ、絶対唯一の神である。だから、ほかの神を信じる者は許しません」と、二行にわたって書いてありますす。どうして神が嫉妬するのでしょうか？　それに、私こそ唯一の神だというなら、ほかの神は存在しないでしょう。もうこれで話が終わりです。嘘を言っているんだな、という結論です。

そういうふうに、宗教で言っていることをきちんと検証すれば、「ああ、人間の世界で特権を取りたくて、人間が作った自我の錯覚で言っているな」とわかります。それが宗教だとすれば、仏教は宗教ではありません。科学です。

人生に楽があると思うのは願望

「人生に楽がある」と思うのは、ただの希望です。思いたいだけです。

たとえば、ガンになったら早く治療したほうが楽になると思うでしょう。それで治療しますね。楽になるでしょうか？　なりません。ガン治療自体、受けたら、ものすごく苦しくなるものなのです。だから選択に迫られます。「あなた、どうしますか。手術したら、こういう問題があります。化学治療したら、こういう問題があります。どちらもしなかったら、そのままガンが成長して死にますよ」と。

人間はやっぱり生きていきたいと思うので、ガンを放っておく選択をする人はまずいないでしょうね。治療することにするでしょう。でも、苦しんで、苦しんで生きていても、意味があるでしょうか？　二年延命してもらって、そのあいだ、ずーっと苦しかったら、意味がありますか？　そこで出てくるテーマというのが、私たちの「生きていきたい」という願望なのです。

何がなんでも生きていきたい

私たちは、いつでも、どんなときでも、意識しようとしていなかろうと、「生きていきたい！」と強く思っています。どういう理屈で、生きていきたいと思っているのでしょうか？　実は、その強い思いは感覚から出てくるのです。

感覚は苦しみですね。その感覚一つひとつは、「放っておいたら死ぬ」ものです。ですから感覚を変えなくてはいけない。だから、「生きていきたい」とは、ずーっと、どこまでも、感覚を変えて、変えていたいということなのです。

つまり、苦（dukkha）というのは、かなり大変な智慧なのです。生きる土台となるエネルギーの部分に関わる、深いものです。ブッダ以外、誰もそれを発見していません。一般人に、そう易々とわかるものではありません。しかし、明確な事実であって、我々は日々、苦を体験しています。

本当に感覚が苦か、検証してみる

苦についての実験があります。仏教で「実験」というのは、瞑想のことなのですが、一般的なことでも説明はできます。

たとえば、何かを見ます。「あ、これはきれい！」というものを選んでください。なんでもいいです。文字通りきれいなものでもいいし、気分がアップするようなものでも、好きなタレントさんのポスターでもいいです。とにかく、気に入るものです。それをじーっと見ていてください。何時間でも見ていることにします。どうなりますか？　すごく苦しみが生まれてくるのです。チラッと見る分には、とても楽しいのですが、楽しいのは、チラッとだからなのです。

音でもいいです。「ああ、あの音、いいなあ」と思ったら、ずーっと聞いてみてください。夏には、駅などで鳥の声を録音したものなどが流れています。駅の構内やホームでそういう鳴き声などがチラッと聞こえ出すと、その瞬間はとても気分がいいものです。しかし、私はそれにだまされません。もし、そのような演出が聞こえたら、私は電車が来るまで、じーっとそれだけを聞いています。それだけを聞いていると、どうなるかわかりますか？　同じ音を繰り返し、繰り返し、繰り返し、繰り返し集中して聞くと、自然環境の音などがぜんぶ消えてしまいます。電子音ですから、「なんだこれは、もう気持ち悪いなあ」という感じになります。最初、パッと耳に入ったときは「あっ、これって気持ちいいな」と思いますよ。「じゃあ、ずっと聞いてみよう」と思って聞いていくと、嫌になるのです。

皆さん、あまりふだん、今、説明したような実験をしないでしょう。ぜひ、やってみてください。たとえば、道路を歩いていて、車の音やらいろいろな騒音を聞いて聞いて聞いて、イライラしていたとします。駅に入ると、鳥のチッチッチッという鳴き声が流れてきた。とたんに気分が良くなります。「あ、これは素敵。この音が耳触りになるわけがない」と思います。で、それからずーっとその鳥の鳴き声だけに集中して聞いてみるのです。どうなるのか、ぜひ、試してみてほしいと思います。

感覚が、常に苦を作って、次のことに変えなさいというのです。次に変えなさい、次に変えなさい、それがずっと続くのです。そこで我々は、変えて、変えて、変えて、変えていきます。

心臓には最大の苦しみが入っている

身体が複雑になってくると、複雑に精神世界がはたらきます。たとえば、心臓も心で動くのです。でも我々は、一度たりとも、心臓を動かそうと思ったことはないでしょう。動かそうと思って動かすということだと、とても生きていられません。なにせ一分間に七十回ぐらい動かさなくてはいけませんから、それだけで精一杯で、もうほかの仕事はできなくなってしまいます。ですから、心臓は感覚だけで動いているのです。そのため、心臓に入れている苦しみは最大です。常に呼吸を入れている苦しみが最大。そういうものは、なんとなく無意識的にやっています。考えなくても、意識しなくてもできます。しかし、心がなかったら動きません。

心臓という機械が故障することもあります。私たちが食べ過ぎてしまって、コレステロールがたまったりして故障する。それは実はどういうことかというと、いわゆるレンタル条件を果たしていないのです。心臓もレンタルですから、我々にはどのぐらい借りるべきかという権利があって、それを侵してはならないのです。越えてはならない。しかし、みんな越えています。食べるべき量より食べている。自然のものは使える分より使っている。そこがぜんぶ、悪い結果になるのです。

仮に心臓が故障したとしましょう。そこで止まります。そのときの苦しみはけっして耐えられません。助かったとしても、一回、心臓発作を起こした人は、それから身体がくたくたです。科学のおかげで命びろいできても、もとの元気には、ほとんど戻らないのです。それほどの苦しみだということです。

食べないことでの空腹の苦しみというのは、たいしたことがないです。昼ごはんを食べなくても、まあ、ちょっとおなかがすくぐらいで、大丈夫です。我慢できます。そういうものは、意識を使って、食べたり食べなかったりできます。ですから、我々が意識で管理しているものは、そんな大それた苦しみではないのです。無意識では、ものすごい、最大の苦しみを管理しています。

命とは苦、の真理

苦しみがなければ、命がありません。生きるとは苦しみのことです。仏教は世の中の皆が言っていることを繰り返し言う教えではありません。ありのままの事実を語ります。

人間は苦しみを隠してごまかしをしているのです。苦を感じないように限りなく工夫するのです。生きるという努力は現実的な苦を別な苦に置き換えることなのに、幸福を目指して生きているのだと希望を言うのです。希望は単なる希望であると理解しないので、生きることが幸せだ、命はとても尊い、などなどの錯覚をします。その錯覚によってなおさら生きることに執着するのです。

どのように工夫して生きてみても、人は皆、病に陥って、老いて死にます。気持ち的には病気にかかりたくないのです。老いたくはないのです。死にたくはないのです。しかしそのすべてのことは必ず起こるのです。けっして避けられません。幸福に生きていきたいという人間の最大の希望は、言葉を換えるならば人間の生きる目的は、必ず失望で終わります。それもまた悔しいのです。

我々は、毎日行っている行為を観察しなくてはいけません。何か希望が現れたら、なぜこれを希望しているのか、観察しなくてはいけない。頭の中でとりとめのない思考が流れる場合は、なぜこのような思考が流れているのか、観察しなくてはいけないのです。ただ人生を観ているだけで、命とは苦に押されて、苦に脅されて、苦が引き起こす衝動で、生きるという行為をしているのだと観えてきます。結局は、今感じている苦、今感じている不安、今感じている恐怖感を別なものに置き換えているだけです。それからその苦、不安、恐怖感をまた変えなくてはいけないのです。これは終わりのない作業になります。幸福になろうと努力しているのに、その努力にも終点がないとわかったら、さらに苦しくなるのです。

事実をごまかすのではなく、ありのままに観るべきです。今まで自分をだましまくって生きてきた人にとっては、この観察はやりづらい仕事かもしれません。ここで提案しているのは、俗世間の一般人がよく言われる、いわゆる「ロボット的な人生」を送ることをやめて、生きるとは何なのかと正しく観察することです。お釈迦様が「仏道は逆流をのぼる道である」と説かれたことがあります。生まれて、みんなやっていることをやって、みんなと同じくあっけなくみじめに死ぬのではなく、見方を変えてみるのです。生き方というより、見方を変えるのです。見方が変わったら、生き方も変わります。間違った幻覚に基づいて世の人々は生きています。人々がやっていることのすべてが、問題をなくすのではなく、想定外の問題をたくさん作るのです。誰の人生も失敗で終わるのです。

ですから、理性のある人は、ブッダが説かれた真理を理解して、自分自身でその真理が正しいか否かを観察してみるのです。そこで、「自分の見方」が「ありのままに観える見方」に変わります。見方が正しければ、生き方は自動的に正しくなります。世の人々は失敗しても、見方を変えた人の人生は大成功で終わります。

次に発見すべきなのは、生きていきたいという衝動のことです。なぜ、すべての生命が生きていきたいと思って命に執着しているのでしょうか？　調べてみてください。お釈迦様の教えは、その調べ方、道案内をしているので、難しくはないはずです。一般人は「なぜ生命は生きていきたいのでしょうか？」と質問されても、けっして答えられません。しかし仏教を学んだ人は、「無明と渇愛があるからです」と答えます。

次になぜ渇愛があるのか、調べなくてはいけません。答えは簡単です。何をやっても満足しないのです。喉が渇いたら水を飲みたくなります。水を飲んだら渇きが消えます。再び水を飲む必要はありません。しかし、身体は不完全で変化します。飲んだ水は身体から出ていきます。それでまた水を飲むはめになります。すべてのものごとは不完全で変化するから、何をやっても満足することが不可能になります。再び同じことをやらなくてはいけなくなります。ですから、すべての生命に渇愛があるのです。勉強して、食べて、遊んで、仕事をして、お金をもうけて、結婚して、家庭を築いて、などなど。実にさまざまなことをやっていますが、そこにないのは「満足」という一言です。

ここで一つの結論が見えてきます。世間の流れに乗って生きてみても、苦は増えるのであって、消えるのではありません。すべての現象は無常であると発見したら、満足などあり得ないと発見します。理性のある人は、あり得ないものを追いません。あきらめるのです。それが「執着を捨てること」なのです。

このように、「観察する」という仕事をするならば、智慧が現れてきます。人格が向上します。罪を犯すことはなくなります。失敗することが消えます。ストレスは感じられなくなります。心は安穏に達します。苦をなくすために、智慧は欠かせないものです。人は智慧を持っては生まれません。無明を持って生まれるのです。智慧は精進して達するものです。

「今」を観る訓練

真理を発見して苦をなくす別な方法を紹介します。「今の瞬間を生きる」というフレーズを憶えてください。これは解脱に達した人々の人生論です。私たちに直ちにできることではないのですが、真似をしてみるのです。真似をしていく過程で、本当に自分のものになっていきます。

まず、「今の瞬間を生きる」ということの意味を理解しましょう。今とは時間です。時間といえば、過去・将来・現在という三つです。時間は存在するのではありません。ものごとの変化する流れを時間という概念で理解しようとしているだけです。変化するものがなければ、時間もありません。

過去とは、過ぎ去ったものごとのことです。過ぎ去ったものは、繰り返し現れることはけっしてありません。皆さんにも若かった、元気だった、楽しかった過去があったはずです。再び現れると思いますか？　それだけは絶対にないのです。過ぎ去ったものは二度と再現しません。消えたのです。歴史なのです。自分の頭の中に「過去、こうであった」という記憶が残っているだけ。このことを知れば、「過去は存在しない」と理解できます。存在しないものにひっかかって悩んでいることほど、愚かな行為はありません。それは、二十歳になって言うことを聞かない自分勝手に生きているわが子を見て、かわいくてたまらなかった十代に戻ってほしいと希望するようなものです。愚かな希望です。存在しないものはどうすることもできません。禅宗の禅師たちは「石女《うまずめ》の子」という言葉を使います。石女の子をどのように育てるべきかと心配する必要があるのでしょうか？　石女とは子どもを産めない女性のことですから、子どもはいないのです。ですから、悩まなくてもけっこうです、ということになります。

私たちには重い過去があるのです。過去のことが気になって仕方がないのです。過去のことを思い出して悩むのです。悩みに明け暮れるのです。○○をしなかったほうが良かったのに、ああすれば良かったのに、こうすれば良かったのに、と悩むのです。たまに過去の楽しいことを思い出す場合もあります。そうなると、それが再びあってほしいと期待します。昔の若さに戻りたくなるのです。このような無駄なことを今現在にやらなくてはいけないのです。当然、今の瞬間でやるべきことをやっていません。過去に心が束縛されているのです。今を生きていない人間になっているのです。そういう、ウサギの角を磨くような仕事はやめましょう。今の瞬間をしっかりと生きてみましょう。過去は記憶として、史実としておいておきましょう。

次の時間は将来です。将来こうなりたい、ああなりたい、このようにしたい、という希望で頭がいっぱいです。しかし、将来はどうなるのか、誰も知りません。将来は現在にならない限り、わかったものではないのです。ようするに、将来はまだ現れていないのです。まだ現れていないとは、存在しないということです。実在しないのです。頭の中の観念に過ぎないのです。将来のことで計画を立てたり、悩んだり、不安になったり、怯えたり、舞い上がったりして、時間を浪費します。将来にひっかかるのも、今現在なのです。将来に心がひっかかってしまったら、今ここでやるべきことができなくなります。ということは、今を生きていないのです。

人は今の瞬間、自分が何をやるべきか、現実を観るとおもしろい発見があります。それは、今やるべきことがいたって簡単で、なんの失敗もなくこなせるものだということです。嫌なものでもなく、超おもしろいものでもなく、ごく普通の出来事です。簡単に行える、失敗はしない、シンプルな行為です。それなら、心は自然に落ち着くのです。冷静に活動することができるのです。今やるべきことを失敗せず行ったので、充実感も生まれます。時間の次元で考えるならば、実在するのは今の瞬間のみです。生きるとは、今の瞬間の連続なのです。

心が過去と将来という幻覚に入って時間を浪費することに一生懸命で、今の瞬間を失敗で終わることに慣れている人が「今の瞬間を生きる」ためには、それなりの訓練が必要です。心が過去に逃げたら、また将来に走ったら、直ちに現在に戻すのです。訓練はそれだけです。成功したら解脱に達しているのです。訓練中は限りなく失敗するかもしれません。失敗したら、なぜ失敗したのかチェックしてみましょう。失敗を悔やむ必要はありません。失敗は我々の弱いところを教えてくれる師匠です。

観察瞑想

今の瞬間で生きる方法は、ヴィパッサナー実践という名前でも知られています。世の人々は、仏教は瞑想する世界だと思っています。しかし、世の人々が瞑想だと思っているものを、仏道を歩む人々はやらないのです。ヴィパッサナー実践を「瞑想」と言ってもかまいませんが、俗世間にあふれている瞑想と似たものではありません。ヴィパッサナー実践とは、今の瞬間を観察する方法です。この観察に慣れてくると、生きるとは何か、明確に観えてきます。生きることは苦であると発見します。渇愛も、心のほかの煩悩も発見します。すべての現象は無常であると発見します。無常たる現象に執着することは不可能であるとも発見します。無明のせいで今まで執着不可能なものに執着してしまって、悩んで苦しんでいたのだと発見します。この発見の流れを智慧といいます。心から執着の感情がなくなったら解脱です。

ヴィパッサナー実践について書かれている本、たとえば『ヴィパッサナー瞑想　図解実践―自分を変える気づきの瞑想法【決定版】』（サンガ新社）などを読んで、瞑想の仕方を学んでください。

苦をなくすために

覚れる可能性は誰にでもあります。しかし人間は何か言い訳をつけて、その方法を実践しないのです。苦いから薬を拒否する、痛いから注射を拒否するような生き方です。

覚りに達する道は、苦いものでも痛いものでもありません。ただ単に慣れていないだけのことです。慣れていないものをやり始めると、不安になったり、苦しいと感じたり、絶え間なく失敗したりすることだってあります。それにめげずに精進することです。

健康な若者が「オリンピック選手になりたい」と思っただけでなれるわけではありませんね。それなりの道を歩むことによって、なれるのです。オリンピック選手になった人々でも、振り返ってみれば失敗したこと、断念する気持ちが何回も起きたこと、悔しくて泣いたことなどが、いくらでもあるのです。スポーツぐらいは誰にでも経験があります。しかし、今の瞬間を観察する経験は人間にないのです。ですから、解脱に達する道は雲の上の話のように感じるかもしれませんが、実はそうではありません。ただ慣れていないだけです。慣れていないものに弱音を吐かず、言い訳をつけず、ごまかしを入れず、慣れればよいのです。

覚れる可能性は誰にでもあります。苦しみを乗り越えることは、努力を惜しまない人間皆にできることなのです。

本書は、サンガより二〇一五年に新書で刊行された作品を、
サンガ新社が単行本として新たに刊行したものです。

クラウドファンディングにご支援をいただき、
誠にありがとうございました。

本書『苦の見方』は、2023年に実施したクラウドファンディング「スマナサーラ長老『無常の見方』『苦の見方』『無我の見方』を紙書籍で刊行します！」プロジェクトでのご支援によって刊行することができました。

『無常の見方』『苦の見方』『無我の見方』はかつて株式会社サンガから刊行されましたが、2021年1月の株式会社サンガの倒産により、入手が困難な状況となっていました。しかし、これからも多くの人々に長く読み継がれるべき本であると考え、新会社・株式会社サンガ新社が新たな刊行を目指し、クラウドファンディングでのご支援を呼びかけました。

2023年9月30日に「200万円」の目標額を掲げてスタートしたこのプロジェクトは、最終日の11月5日までに、目標額の137パーセントとなる支援額「274万8700円」、支援者数「340人」のご支援をいただきました。

ご支援いただいた皆様、誠にありがとうございました。

このクラウドファンディングでは、書籍の事前予約をはじめ、さまざまなリターンをご用意いたしました。

そのなかで、出版協力者としてお名前を書籍の紙面に掲載するコースをお申し込みいただいた方のお名前を、感謝の気持ちを込めて以下に掲載させていただきます。（敬称略・順不同）

出版協力 ご支援御礼

垣岡 正英

田中 信
森田 真隆
阿部 新一
山本 茂康
角川 裕次
西村 由美子
まいち
丹治 秀和

アルボムッレ・スマナサーラ　Alubomulle Sumanasara

テーラワーダ仏教（上座仏教）長老。一九四五年四月、スリランカ生まれ。十三歳で出家得度。国立ケラニヤ大学で仏教哲学の教鞭をとる。一九八〇年に来日。駒澤大学大学院博士課程を経て、現在は（宗）日本テーラワーダ仏教協会で初期仏教の伝道と瞑想指導に従事している。朝日カルチャーセンター（東京）講師を務めるほか、NHK Eテレ「こころの時代」「スイッチインタビュー」などにも出演。著書に『サンユッタニカーヤ　女神との対話　第一巻』『スッタニパータ「犀の経典」を読む』『ダンマパダ法話全集　第八巻』『ヴィパッサナー瞑想　図解実践―自分を変える気づきの瞑想法【決定版】』（以上、サンガ新社）、『怒らないこと』（だいわ文庫）、『心は病気』（KAWADE夢新書）、『ブッダが教える心の仕組み』（誠文堂新光社）、『ブッダの教え一日一話』（PHP文庫）、『70歳から楽になる』（角川新書）、『Freedom from Anger』（米国Wisdom Publications）など多数。

日本テーラワーダ仏教協会
http://www.j-theravada.net/

苦の見方

「生命の法則」を理解し「苦しみ」を乗り越える

二〇二三年十二月十五日　第一刷発行

著　者　アルボムッレ・スマナサーラ

発行者　佐藤由樹
発行所　株式会社サンガ新社
〒九八〇－〇〇一二　宮城県仙台市青葉区錦町二丁目四番一六号八階
電話　〇五〇－三七一七－一五二三
ホームページ　https://samgha-shinsha.jp/

印刷・製本　創栄図書印刷株式会社

ISBN978-4-910770-73-4

サンガ新社　書籍案内

WEBでのご注文	https://online.samgha-shinsha.jp/items/ 〔サンガオンラインストア〕
お電話でのご注文	050-3717-1523〔株式会社サンガ新社〕
メールでのご注文	info@samgha-shinsha.jp〔株式会社サンガ新社〕

サンガ新社の書籍は、上記からのご注文の他、Amazonなどのオンライン書店や、全国の書店からもご注文いただけます。

仏教の最重要語「無常・苦・無我」の本当の意味がわかる。
『無常の見方』『苦の見方』『無我の見方』3冊同時刊行！

定価：本体2,000円＋税
四六判／並製／308ページ
ISBN978-4-910770-72-7

無常の見方
「聖なる真理」と「私」の幸福
アルボムッレ・スマナサーラ［著］

ブッダが発見した「無常」の本当の意味を明らかにして、日本人の無常観を根底から覆す！

ブッダが説く「無常」は、「花が散って寂しい」「親しい人が死んで悲しい」といった感情的なものではありません。「無常」とは、物質も生命の心も、万物は瞬時に変化するという普遍的で客観的な事実です。一切の現象は一時的に成立しているにすぎません。そして、無常に基づいて生きるなら、明るく、元気でいられます。無常は、人生そのものを引っくり返して、苦しみを完全になくして、解脱、覚りを体験させる真理なのです。

定価：本体1,750円＋税
四六判／並製／192ページ
ISBN978-4-910770-74-1

無我の見方
「私」から自由になる生き方
アルボムッレ・スマナサーラ［著］

無我だからこそ、人は変われる。自我ははじめからないのですから、私たちは何でもできるのです。

「本当の自分」を探し続け、「確固とした自我」を確立しようとする私たち。しかし、お釈迦様は、「自我はない」「一切は無我である」と喝破されました。生命には「自分がいる」という実感があるものですが、「変わらない自分」があるわけではありません。様々な因縁によって瞬間瞬間に変化する「自分という流れ」があるだけです。この無我の真理を発見することで、私たちは世界の役に立つ人間に成長し、そして、執着をなくし、解脱という自由に近づくことができるのです。

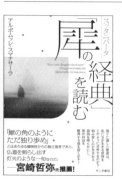

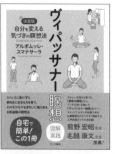

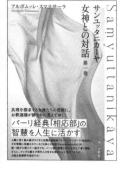